子どもをハッとさせる教師の言葉

溝部清彦
Mizobe Kiyohiko

高文研

はじめに

あなたのことを大切に思っている。あなたのことがもっと知りたい。いつも人と出逢うと、そう思います。人間が好きなんです。でも、この思いがなかなか届かない、伝わらない、どうしてだろう。私は何年か考えました。そして、ようやく気づいたのです。もっと言葉を大切にしようと。

それから私は、言葉さがしの旅に出ました。ドラマを見て、いいセリフを耳にすると、メモを取る。講演を聞いて、いい言葉を記憶する。歌の歌詞を口ずさみ、いいフレーズをノートに書き込む。言葉には不思議なちからがありました。その言葉を子どもたちに語りかけると、子どもたちが意外なことを語り始めました。そして私は、それをきっかけに起きることを楽しむようになったのです。夢は星の数だけ、言葉は星の輝き。私の見つけてきた言葉たちは、私と子どもの間に優しい時をつくってくれました。

本書の中には二〇のドラマがあります。みんな私の教え子たちです。今も心に咲いている言葉の記憶、それをあなたと……。どうぞ扉を開けてください。

◆──もくじ

Ⅱ ハッとさせられた子どもの言葉

Ⅲ　保護者に贈りたい、ちょっぴり刺激的な言葉

本文・章扉イラスト＝広中　建次
装丁・商業デザインセンター＝松田　礼一

I

ドラマのセリフで子どもが変わる

めだかの王様とコダック

「あなたにしか言えない言葉があるでしょ！」

♣山から通ってくるゴンジイ

私の勤める校区は一〇年前までは、三百人の中規模校だった。それが校区にドームができ、隣に大型商業施設ができたため、宅地の開発が急速に進んだ。そして今では、三倍の九百人の学校になった。クラスは増え、プレハブの校舎まで建った。

しかし変わったのは、校舎の様子だけではない。のんびりした農業中心のムードから、土地を売り大金が入り、家を建て直し、アパートを建て優雅に暮らす人。そこそこの土地を買い、家を建て、あるいはマンションを買い住む人たち。子どもたちの洋服もカラフルになり、卒業式ともなると、高価な服で着飾った大人と子どもでいっぱいになった。

ゴンジイは、学校から四キロ離れた山から通ってきた。この土地は、昭和のはじめに山に住む人を募集し、おじいちゃんが応募したそうだ。開発の波が押し寄せたとき、おじいちゃんは土地を売ることを拒み、今も家族は昔ながらの生活をしている。

ゴンジイはおじいちゃん子だった。毎朝、五時におじいちゃんとともに起き、森を見て歩き、畑の見回りを日課にしている。そして、六時五〇分に家を出て、妹と学校までやって来る。

はじめて家庭訪問に行くと、彼は森を案内してくれた。

「これは、炭やきや」

「へえ、誰がしてるの?」

「じいちゃんや。じいちゃんはな、自分で家を建てたんぞ。それだけやねえ。仏壇もな、つくっちょんのぞ」

そんな自慢をした。

理科の学習でめだかを探すとき、ゴンジイに尋ねた。ゴンジイはすぐに森の中を流れる

小川へ案内してくれた。幅が三〇センチか、そこらの川だ。彼はそこへしゃがみこみ、

「せんせい、ほら……」

と、指でめだかをつまんだ。そして、ビンの中へ移した。めだかはちょっとしてビンの中を泳ぎ回った。

「す、すごい」

私もまねてみた。しかし、めだかはぐったりしてしまった。

「ああー、死にかけちょん！」

ゴンジイは、私をにらんだ。そして、めだかを取り上げると、そっと両手で小川につけた。しばらくすると、なんとめだかは泳ぎ始めた。

「す、すごい。きみは、めだかの王様だ」

しかし、こんな特技がもてはやされないのが今の学校だ。いや、それどころか、「変わり者」「変な人」と、思われてしまう。今の子どもたちは生きるのがむずかしい。ゴンジイもやっぱりひとりぼっちだった。

私は、町のはずれや森に住むゴンジイをごんぎつねに見立てた。そして、兵十は誰かな？そんな目で子どもを見た。

「いた、いた、あいつかな」

まじめそうな、それでいてちょっと抜けたお人好し。それがコダックだった。

二人の家は正反対の地区にあった。そこで、ゴンジイの母さんに、コダックの家で遊ばせたいので迎えに来てほしいと頼んだ。次に、コダックの母さんには、学校帰りにゴンジイが寄るので、家に上げてほしいとお願いした。

こうやって週に一回、ゴンジイは町のコダック宅にお邪魔し、夕方、ゴンジイの母が迎えに行くことが始まった。一緒にいるようになれば、もう友だちだ。

♣Tシャツの値段

「おお、そのシャツ、はじめて見るな」

ゴンジイは、いつもおなかを出していた。でも、今日のシャツはいい感じだ。

「ああ、これ、売り出しで三八〇円やったにー」

「うっそー！　そんな値段で服があるの？」

突然、後ろにいた白川アユが叫んだ。

「うっそー。信じられない。だってアユのTシャツ、これ一枚で九八〇〇円なんで。それでも安い方なのに」

「九八〇〇円、すげっ……」

ゴンジイが声を上げるのと同時に、クラスの大半が声を上げた。

（私の着ている服、全部たしてもアユにはかなわないかも……。少し悲しくなった。）

「うちのママはこの間、ヴィトンのバックとグッチの財布を買ったのよ」

月島も買い物の話に乗ってきた。

「先生、もう関わりなさんな」

二階堂が太い眉を動かした。そのとき突然、

「オレをバカにするなー」

ゴンジイが、アユを殴ろうとした。私はその腕をパッと握り、

「どうしたん？」

肩を抑えて座らせた。ゴンジイは全身に力を入れている。

「こいつら、オレをバカにしちょん」

「してないよ。驚いただけやん。三八〇円の服があるんやなあって。なあ！」

アユがニヤッと笑った。

「それがバカにしたって言うんやー」

ゴンジイは再び声を上げた。

♣ヤキトリになみだ

給食のときだった。いつものようにゴンジイが、ひと粒残らずご飯を食べて、お代わりへ駆けて行った。そして、ご飯を山盛りにして戻ろうとしたそのとき、ヤキトリがポロッと、ゴンジイの皿から落ちた。彼は一番好きなものを最後に食べるタイプらしい。ゴンジイはその瞬間、固まった。

「洗えば食べられる……」

誰かが声をかけた。ゴンジイは魔法がとけたようにひざをついて拾おうとした。

「ええっ?……洗って食べるの」

小さな声がした。再び魔法にかかってしまった。ゴンジイは床にひざをつき、四つんばいになったまま動けない。

子どもたちも私もこれからどうなるのか、興味と不安を持った。しばらくすると、何かがポタッと落ちた。

(うん?　なにが落ちた?)

ゴンジイの顔からもうひと粒、ポトンと落ちた。

「よだれ?」

「なみだや!」

誰かが、つぶやいた。

「なみだ?　本当や、ナミダや」

「ヤキトリ、落としたくらいで泣いたりす

るかー」

つぶやきはだんだん大きな声になった。

（ちょっと、これって、やばくないか）

このままにしておくと、ゴンジイがますますみんなから遠ざかるような気がした。なにかいい解決方法はないかな。言葉さがしが始まった。

（あれにしよう。紅茶好きの警部が単純な相棒に言うことば。あれや……）

私はコダックを呼んで、肩に両手をあてた。


「あなたにしか言えない言葉があるでしょ！」


「はあ？」

「きみにしか言えない言葉があるんじゃありませんか」

そう言って、ゴンジイの方を指した。

「なんて言えばいいんだろう」

ぼやきながらコダックはゴンジイの前に立った。そして、四つんばいになったまま固まっているゴンジイの耳元でささやいた。ゴンジイは小さく、

「ほんとう?」

そう言って立ち上がった。

「ええ?　なんて言ったのか」って。それは、あとで私も聞きました。コダックはゴンジイに、

「ぼくのヤキトリをあげるよ」

そう言ったんだって!

♠人生は友だちさがしの旅。
子どもには子どもにしか通じない言葉がある。

2　I　ドラマのセリフで子どもが変わる

逆らい続けるミーコ

「大人はみんなウソをつくとおもっているんやろ。ウソをつかない大人もいることも知っといてな」

♣おまえの姉ちゃん、暴走族か！

穏やかな学校の中に、どうして一人だけこんなに荒れた子がいるのだろう、そう思う子どもがいる。ミーコは、そういう子だった。

ミーコの荒れ方は特別だ。担任の言うことを聞かず逆らい、教室を抜け出した。抜け出そうとしたところを担任が見つけ、

「あんた、そんなことをしていいと思ってるの！」

怒鳴りつけた。面倒見のいい担任だった。本当は、担任も疲れていたと思う。でも、六年になっても「私に責任があるから」と、ミーコを受け持った。

私は、同じ学年になった。毎日のようにミーコと担任の激しいやり取りが聞こえる。そのうちクラスの男子たちが、

「おまえの姉ちゃん、暴走族に入っちょんのやろ」

冷やかした。ミーコのつぼをよく知っていた。姉ちゃんの悪口を言われると、ミーコは特別荒れた。

ミーコが暴れ出すと、それを止めに入る担

任と必ずもみ合いになった。このときも、はじめは言葉だけだったが、押し合いになり、もみ合いになり、廊下で取っ組み合いになった。こうやって、ミーコを暴れさせて、授業を中断させようと考える子どもまで出てきた。

♣クラスを飛び出し、家庭科室へ

今日も朝からミーコがいらだっていた。塾通いでクタクタの稲葉くんはニヤッと笑って、なにやらささやいた。そのとたん、

「こんなところにおられん！」

「バーン」

椅子を倒して、ミーコが立ち上がった。三階中に響く。でも、どのクラスの子どももあわてない。いつものことなのだ。

「ちょっと待ちよ、ミーコ！」

担任の声が聞こえてきた。

「放せっちゃ！　くそばばあー」

ミーコの叫び声。私たちは、学年会で話し合ったように動き始めた。

まず担任は、言葉でとめるだけにして、クラスの授業を続ける。その代わり、隣のクラスの若い男の教師が叱り役をする。それで教室に戻らなければ、職員室へ連絡し応援を頼む。こんな対策だ。

しかし最近ミーコは、自分のクラスに戻らずに、ほかのクラスに入っていくようになった。それで、ミーコが入ってきても叱らず淡々と授業を続けようと打ち合わせていた。いらだった子どもに激しい言葉で対応していくと、いらだちがいらだちを呼ぶ。ミーコが激しい信号を送ってきたときに、まず穏やかな波を返すことを考えた。

でも一人だけ叱り役をつくった。ジャッジをくだす人間も必要だ。それに、若い教師がガツーンとぶつかりたいと言ったのだ。お互いの考えをまとめる形で練った対策だ。おかげで妙な連帯感が生まれた。

廊下で若い教師に怒鳴られ、追い払われるようにして逃げ出したミーコは、家庭科の授業に入ってきた。私のクラスだ。隣の準備室に連れて行き、ソファーに座らせた。彼女はここがお気に入りだった。そして、授業が終わり中休みになった頃、準備室をのぞいた。

「ああ、髪が伸びてきたなあー」

ミーコが手鏡を見ながら、何度となく繰り返している。私はふっと、

「土曜日、一緒に髪を切りに行くかい?」

声をかけた。ミーコの世界へ侵入したかった。

「えぇっ……」

ミーコは不意を突かれた顔をした。

「一緒に髪を切りに行くかい」

「ほんと?」

「うん、土曜日の一〇時にスーパーの前で待っているよ」

二人の間に、いい空気が流れた。

♣傷つきたくないから「裏切る」

さて、約束の土曜日がやってきた。チャリに乗ってスーパーの前で待っていた。けれど、一〇分たっても三〇分たってもミーコはやって来なかった。

「待ち合わせ場所を間違えているのかな……」

学校の方へまわった。ぐるっとチャリで一周した。ミーコはいない。少しがっかりした。

でも、あとから少しずつ嬉しい気持ちが生まれてきた。

（これで、優位にたてる）

そんな気持ちが起こった。

ミーコは、裏切りの中で生きている。きっとそうだと思う。ミーコは大人を信じ、信じた分、期待を裏切られてきたのだ。簡単に私とのやり取りを「約束」と思えなかった。思うわけにはいかなかった。信じれば裏切られ、傷ついてきたその経験から学んだこと、それが人を信じないということだ。

さあ、月曜日。なんとミーコに声をかければいいのか。私は、レンタルビデオ屋さんへ行き、映画を見まくった。

月曜日の朝、ミーコが南校舎と北校舎の渡り廊下のところを行ったり来たりしている。私は、洋画から言葉をとることにした。大学の教授と、人とうまく関われない学生のおりなす心打つドラマだ。

「ミーコ！」

ミーコに近づく。

「あっ、ミゾセン……」

叱られるかな、そんな不安な顔を見せる。

「あのなあ、土曜日なあ、先生ずっとミーコを待ってたでー」

「う、うそや……」

「スーパーの前で三〇分待って、それから学校まで探しに行ったんぞ」

「うそや！」

彼女のボルテージは上がった。半分はきっと喜びだ。


「あんたは、大人はみんなウソをつくと思っているんやろ。ウソをつかない大人もいることも知っといてな……」


洋画のワンシーンのセリフだ。

ミーコは呆然とした。私は、さっそうと教室へ行った。ああ、あのときの渡り廊下を吹く風、気持ちよかったなあ。


♥友情には距離がある。

　優しい言葉ほど怖い。

3　育ちそびれたフックン

「本当は、誰かに止めてほしいんやろ。やめろと言ってほしいんやろ」

♣もっとかまってくれよー！

低学年の子ほど手がかかる。理屈が通らないからだ。言ってわかればまだよし。日本語の意味が通じないと悲しい。こちらが怒っていても、子どもからしたら、かまってくれていると思い、喜んで逃げ回る。そんなとき「追いかけっこがしたくて、きみを追いかけてるんじゃないよ！」と、叫びたくなる。

フックンは小柄で、笑うと歯が出ている。その顔が愛らしい。調子がいいと、勝手にひざに乗ってくるあつかましさを持っている。けれども、私の語調が強くなると、

「なんで、怒っちょんの？」

顔色をうかがいにくる。給食を食べているとき、

「先生、結婚しちょんの？」

子どもからだけでなく、家庭訪問に行ったらよく聞かれる。そんなとき、

「さあ、どうかな。ナゾが多い方が楽しいよ」

はぐらかす。このときもそうした。すると、ある女の子が、

「ふつう、しちょんやろ」

と言った。すると、フックンが、

「先生に、人を幸せにできるかなあ。できんやろ。ハハハ……」

と、声を上げて笑った。

「それって、セクハラやろ」

私が適当に言うと、

「おれは、まだ未成年や」

なんでこんな言葉を知ってるの？　こういう成長のバランスが取れてない子が増えてるんだよな。フックンはそんな生意気なことを言って、暴れ始めた。

「ちょっと、隣の部屋に来い」

算数ルームへ連れて行き、

「もう少し……」

と、言おうとしたら、

「なんでそんなに、おればっかり怒るん……」

寝そべった。

「ちょっと、先生は怒ってるんぞ。わかる？」

「わからーん。むきにならんでよ。いいやん、少しぐらいふざけちょったたって」

「どこが少しか……」

私は、三年の子どもにどうも負けている。

「そんなこと言うんなら、もう相手にせん。無視するぞ」

「えーっ！　それやったら父さんと母さんと同じやんか」

「同じなん？」

「そうで。おれだけ隣の部屋に入れて相手にされんので。おれ、入学するまでずっとアパートで一人で過ごしていたんや。ほら、不審者とかいて危ないやろ。だけん」

「へえ、そうやったんか。なら反対に、激しく叱るからなー」

「それやったら、去年の先生と同じやねえか！　二年のときに戻っちゃん！」

フックンは、脅してきた。

「人を殴るってことか」

「そうや」

「モノを取るってことか」

「そうや」

「モノを隠すってことか」

「そうや。もういろいろして暴れちゃん。おれのこと、かまいたくないんやろ」

(ええっ!　去年の二学期のフデバコ事件は、おまえやったんやな……)

「かまいたくなかったら、こんなに相手をしないでしょ。大人を試すようなことを言うな。素直にかまってほしいって言えよ。言ったらかまっちゃんぞ〜」

「ええー……もっとかまってくれよー!……かまってください」

♣おれ、ミッシーにパンチされた

七月になってすぐの頃、帰りの会が終わり、一度靴箱まで行ったフックンが戻ってきた。

「おれ、ミッシーにパンチされた。ほら、ここ!　ほら!」

何度も繰り返した。赤くもなっていない。キズもない。いったいどこなのかわからない。

「呼んでおいでよ」

「もう帰っちょった。ああ、イテー」

繰り返した。

「わかった。ミッシーを追いかけよう」

私はすぐに職員室へ行き、鍵を取りチャリンコに飛び乗った。フックンは脇を走った。

「ハアハアハア、ちょ、ちょっと待って。ひと休みしようや」

「なに言いよんの。鉄は熱いうちに打て。追いかけてガツンと言わなきゃ」

チャリンコの私は楽だった。一五分ほど走ると、ミッシーの家についた。

「ピンポーン」

白いドアが開いた。

「あれ、先生」

「あれじゃない！　きみは、もしかしてフックンの頭をパンチしたのか」

「はい……」

「ちゃんとあやまりなさい」

「ご、ごめんなさい」

「フックンは、言うことありませんか」

「ハアハアハア……ム、ムギ茶が飲みたい。できれば冷たいのを」

ミッシーは、氷を二つ入れて出してくれた。

♣やっぱり人間がいい

「おれ、帰り道がわからん」

「ええー、きみのうち、ここから二百メートルくらいしか離れてないよ」

「だけんな、おれ、あんまり家から出たことがないんや」

「そうやったな。あんたな、人にちょっかい出したら、ミッシーみたいにちゃんとあやまれるか」

私は聞いた。

「おれ、あやまり方を知らんのや。習ってねえんや」

「習ってねえ？　いいか。少し下を向いて、肩をすぼめてゴメンナサイって言うんや」

「こうか？」

「うまい。そんな感じ」

二人で練習しながら帰った。私は、先週見た、刑事が詐欺師《さぎし》にかける言葉を思い出した。

学校を離れたこんなときこそ、ドラマの言葉が意外な展開を生むかも知れない。

「フックンが、ちょっかい出すのは……」

そこまで言って、息を切らせているフックンを見てニヤッと笑ってしまった。でも、気を取り戻して刑事になりきった。

「本当は、誰かに止めてほしいんやろ。やめろと言ってほしいんやろ」

フックンは、走りながら少し上を向いた。そして、

「うん……とめてほしい」

ぽつりと、思いがけず素直な言葉が返ってきた。

「お父さんとお母さんが働いているのと関係あるんか」

「うん、七時か八時までずっと一人なんや。学校に来ると誰かいるから、ついしゃべってしまって、とまらなくなる」

「なるほどなあ。もし誰も相手にしなかったら、どうなるんか」

「誰も相手にしてくれんかったら？」

「そう、きみに答えなかったら」

「そしたら、機械やわ。機械と一緒や。機械を相手にしているのと一緒やろ」

「機械か。ハハハ。やっぱ人間がいいんか」

びっくりして、笑ってしまった。

「そらそうや、やっぱり人間がいいに決まっちょんやんか」

そう言って帽子を深くかぶり、そっと手で頬を拭いた。

「フックン、涙は隠すものじゃないよ。友だちには見せていいんだよ。そうやって、一人で涙を流すのは卒業しようよ」

私が言うと、

「そんなことできねえー」

と、叫んで駆け出し、木の陰に隠れた。

「きみは、ぼくの大切な教え子だよ」

私は叫んだ。フックンは、ちらっと顔を出して、恥ずかしそうにまた隠れた。そして、二つ三つ先の木陰から顔を出すと、ニヤッと笑った。

「きみは、ぼくの大切な教え子だよー」

私はまた叫んだ。彼には、「おれも誰かから、大切にされているんだ」という実感が必要だと思う。それが基本的信頼感を育てるもとになる。こういう繰り返しが、私とフックンの距離を縮める。

フックンは、また木立の中から出てきた。そして、手を振った。

（きみは、大切な教え子だよ……）

こんどは心の中で、そっと言った。

🀫きみには心配してもらう権利がある。
揺れながら人は育つんだ。

4 プライドが高いお嬢さま

「迎えにくるのが遅れてごめんね……」

♣姫子はダンゴ虫が嫌い

姫子は、千葉から転入してきた。千葉の前は京都にいたらしい。二年から三年で転勤する商社マンの家庭に育った。もちろん、お父さんは一流大学出のエリートだ。そして、姫子もその路線を余裕なく走っている。

四月、ジャガイモの苗を植えているときのことだ。

「キャー！」

かん高い声がする。姫子がしりもちをついて、しくしくと泣いている。隣で、万作が芋虫を高く上げて、

「エヘヘ……」

と、笑った。万作が芋虫を顔に押し付けたらしい。

私はそばへ行って、

「土をいじるのは、はじめてですか」

声をかけた。

「はい。私、千葉のうちにはお手伝いさんが二人と庭の手入れをしてくれる人が一人と、料理をしてくれる人がいたの」

そう答えた。

「へえ……何人家族なん?」

「お父様とお母様と私の三人よ。土なんて

いじったことないの」

涙を拭きながら、姫子は話した。

「お父様だって、へー!」

万作が口をはさむと、姫子がきっとにらんだ。

姫子は勉強ができた。それで、答えを間違う子どもがいると、

「バカみたい。こんな問題もできないの」

そのまま言葉にした。だから反感も買った。

「一日一時間も勉強してない人がいるなんて、信じられなーい」

はっきり言った。


♣あなたなんか、地球人じゃないわ!


姫子が教室へ入り、ランドセルの荷物を机の中へ入れようとした。そのとき、机の中で何かがごそごそと動くのを感じた。

「キャー!」

姫子が声をあげ、腰を抜かした。その姫子の肩へ、机の中からピョーンとバッタが飛び

出し、とまった。

「ギャー!!」

もう一段大きな声が響いた。

「エヘへ……」

万作が笑った。そして、バッタをさりげなく両手で捕まえた。万作は笑うと、左右の眉毛がくっつく。

「かわいいやろ……」

言い終わらないうちに、

「バシーッ！」

突然、大きな音がした。姫子が万作をはつった。

「あなたなんか、地球人じゃないわー！」

姫子は、教室をとび出した。

少しして私は、子どもたちに呼ばれて教室へ行った。

「イテテテ、オレはいったい、何人《なにじん》やっていうんか……」

万作は、右の頬をさすった。

私は姫子の机を整えた。整えながら、どうしたものか考えた。とりあえず、すぐに追うのをやめた。姫子にも自分を取り戻す時間が必要だ。五分くらいたった頃だろうか。

「姫子はどっちへ行った?」

「廊下を左に走っちょった」

子どもたちが教えてくれた。さて、なんて言ったらいいんだろう。目は姫子を探し、頭はセリフを探した。

♣小さなレディーとして扱う

姫子は、階段の踊り場で手すりにもたれ、背中を震わせていた。その後ろ姿は、ドラマのヒロインだった。その後ろ姿に、私は横浜の公園をバックにしたトレンディードラマのセリフを思い出した。

静かに姫子の後ろへ行く。そして、ドラマの通り肩にそっと手をあてた。ドラマのシーンの通りに動いた。そして、ドラマと同じ調子で、やさしく声をかける。

「迎えに来るのが遅れてごめんね……」

しっとりと彼女を見る。すると姫子の反応はどうだ。姫子は私の方を振り返り、

「今度だけは、許してあげるわ」

と言って、涙を拭いた。

私は姫子の肩に手をあてたまま階段をあがり、廊下を歩いた。ドラマとまったく同じだった。私は今、小さな恋人と一緒に廊下を歩いている。ドラマは、これが海岸だった。

照れくさい言葉だった。ふだん言えないよ。私のことを口がうまい人だ、なんて思わないでね。口がうまかったら、ドラマからセリフをとらないよ。

◆大切なことは、子どもを子どもと思わないこと。
小さな恋人だと思えばいい。

5　不登校気味の林くん

「小さなことを考えるのはやめようや」

♣林の欠席を減らすいい方法は？

誰にでも苦手なことはある。ぼくも小さい頃、逆上がりができなくて体育の時間をサボりたかった。それでもイヤイヤやっていたら、鉄棒からまっさかさまに落ちて気絶した。放課後、受け持ちの女の先生に自転車の後ろに乗せてもらい、家まで送ってもらった甘い思い出がある。逃げていたら、味わえなかったことだ。

しかし、最近の子どもは逃げる。それも大事だろう。それが自分とうまく付き合う方法

だ。だからといって、許せないときもある。

林はいやなことがあると学校を休んだ。お母さんは、あきらめていた頃に生まれた林に甘く、言いなりだった。それでもなんとか学校へ遅れながらやって来た。しかし、お父さんが単身赴任を始めた頃から、めっきり欠席が増えた。

「林の欠席を減らすいい方法はありませんか」

私は管理職に相談した。

「林が得意なのとか、好きなのは何かえ？」

風変わりな教頭は、そう返してきた。

「得意なのですか……そういえば温泉は好きでしたね」

「それや。一緒に温泉に入っちきよ！」

（入っちきよって言われても、ぼくのハダカを見せるのは、ちょっとなあ……）

誰でも戸惑うと思う。でも、そこを突破するのが私の特徴だ。すぐに次のことを考えた。

私のクラスには、山の湯という温泉屋の息子がいる。彼に、フロに来ないかと誘ってもらおう。これなら私は一緒に入らなくていい。

林は温泉に誘われ、約束をした。その日の夕方、私は山の湯を訪ねた。

「いらっしゃい。あら、先生！」

「あのう、うちのクラスの林、来ていますか」

「ああ、ほらあそこ」

湯上りの休憩所で将棋をしている。

「服脱ぐのがね、イヤでね。入らなかったんですよ」

フロントの女将さんは笑った。まあ、そんなもんだろうな、私も思った。

♣押入れにかくれた林

それでも欠席は減った。関わる友だちのおかげだと思った。そんなところに電話がかかった。

「先生、林さんのお母さんから電話よ」

林が学校へ行きたくないと言っているという。

「お母さん、せっかくお休みが減ってきたので、遅れていいから、連れてきてくれませんか」

私は、（ちゃんとつれてこいよ）そんな思いを隠して頼んだ。

けれど、お母さんは、本人が行きたくないと言っていると、繰り返した。

（連れてくるのは親の仕事だろ）

私は林の家へ行って連れてこようと思った。授業を教頭にお願いし、自転車を走らせた。

自動車学校の先を曲がると林のうちだ。

「あがりますよ！」

玄関を開けるなり、お母さんに声をかけた。燃えていたのだ。

「アラー、先生。電話のあとから押入れに隠れちょってなあ。出てこんのやわ。どうするかえ」

飾らないお母さんの声がした。

私はその言葉に、七、八年前に受け持った子どもがトイレに隠れた出来事を思い出した。

あのときは学校に連れて来ることだけを考えていた。強引に家にあがると、彼はトイレに閉じこもってしまった。

♣大切なことは緊張をほぐすこと

あれから八年。私も経験を積んだ。積んだはずだった。息をとめて少し目を閉じた。そして自分を説得し始めた。ここは、林の緊張をほぐすことが一番じゃないか。だって、不登校の子どもの心理は、「学校に行かなくちゃ、でも行けない。ああ、もうだめだ。閉じこもろう」――スピードを上げて説明すればこんな感じが多い。あせるな、もう一人の自分がささやく。

(わかった……)

私は学校に連れて行こうとする自分を捨てた。そして、違う自分になることを考えた。そう、ドラマの主役になろうとしたのだ。そして、

(なにかいいセリフ……なにかいいセリフ)

玄関で腕を組んだ。

(よっしゃ、これにしよう……)

三流高校でワルばかりのバスケットチームを受け持った元銀行マンのセリフを思い出した。しかし、林が押入れに隠れたままでは、いい言葉もかけられない。林はきっと、

「オレを無理やり連れて行くんだ」

そう思っているに違いない。だから、私は、

「今日は学校を休んでいいからな……学校を休んでいいからな」

一段一段、階段をあがりながら繰り返し叫んだ。林にかけている言葉は、自分にも言い聞かせている言葉だった。

「ほ……ほんとうか。ほ……ほんとうか」

意外なことに、林の部屋から声がした。

「今日は、学校を休んでいいからな」

階段をのぼるたびに声をかけた。そして部屋の前に立ったそのとき、

「ええ……」

押入れの戸が少し開いたように見えた。

「学校、休んでいいからな」

微笑みながら、すばやく声をかけた。まちがいなく戸が、頭ひとつ分開いた。

♣こんな髪じゃ学校に行けん

ここだ。ここで、あのドラマのセリフだ。

「そんな小さなことを考えるのはやめようや」

「ええ？……」

押入れの戸が、またちょっと開いた。

（学校へ行かないけんとか、そんな気持ち捨てよ）

心の中でつぶやいた。もっと自分を楽にしてあげよう、そう思う。人生を生きるとは、そういうもんじゃないか。正面からばかりじゃない。逃げることだって勇気がいる。自分を楽にさせ、力を貯めるのも必要だ。これが自分と付き合うコツだ。

私はもう一度、ドラマのセリフを言った。

「小さなことを考えるのはやめようや。もっと大きなことを考えようや」

「も、もっと大きなこと……」

林の頭が出てきた。

「**小さなことを考えるのはやめようや。**もっと大きなことを考えようや」

押入れの前で言うと、林は涙を拭きながら出てきた。

「おれ、髪が、髪が……」

彼の前髪は、右側が目にかかるほど伸び、左側がおかっぱのようにそろっていた。夕べ、林が寝ている間にお母さんが髪を切ろうとした。しかし、左側を切ったところで林が寝返りを打って、右側は切れなかったらしい。もう二年以上もお母さんが切っていた。

「こんなんじゃ学校に行けんわあ……」

泣いた。確かにバランスが悪い。

「わかった。どうせ休むんだから、サンパツに行くか」

「サンパツ？　いや、何年も行ってねえ」

「じゃあ、行こうや……」

林に財布を持たせ、自転車のヨコを走らせた。ちょっとは強引にしなきゃ。彼が髪を切ることができれば前進する、そういう予感がする。

ドアをあけると、ピアノ曲が流れているカットサロン。私の行きつけの店だ。

「オレ、ちょっとこんなの……」

林は椅子を倒された。でも、椅子が倒れても彼は思いっきりからだに力を入れて硬直していた。だいたい不登校傾向のある子は、人にからだをまかせることができないらしい。信頼感が育ってないのだと思う。

お店のお兄さんが「どうしよう」という顔で私を見る。そばに行ってお兄さんに事情を話し、気にせずバッサリやってもらうことにした。

「なに話したんか……」

林が聞いた。

「小さなことを考えるのはやめようや」

私は、耳もとでささやいた。


♠私たちは、子どもたちに「人生を生きる」ということを教えている。

そんな大きな仕事をしていることを、あなたにも知ってほしい。

6　I　ドラマのセリフで子どもが変わる

おれたち、人を信じられないもの同士

「あなたは人に裏切られたことがあるんですか」

♣ノン太よ、世界を旅してくれ

北海道へ行って飛行機から雪を見たとき、ものすごく驚いたね。だって、雪の中へ降りていくんだ。飛行機はスリップしないの？　思わず足に力が入ったよ。入れてもしょうがないのに。

いつもとちがう感動をする、新鮮だよ。子どもにとっての感動ってなんだ。やっぱり出会いだろう。大人は旅で感動するとして、子どもは友だちとのかかわりの中で旅してる。

そんなイメージだよ。だったら、思いっきりタイプのちがう人と出会わせたいよなあ。はじめは理解できないだろう。けど、外国を旅したと思えばいい。

ノン太は、その名の通りのんびり屋だ。丸顔でおなかがプクッとふくれ、指で押すと弾力がある。それが気持ちいい。いつも決まったトレーナーを着て、肩のところが少し下がっている。そこから手を入れ、ボリボリかいている。勉強はさっぱりできず、去年の児童会長がお姉ちゃんだなんて、誰も思わない。目がパッチリ覚めるのは、給食のときだけだ。あとは机に突っ伏している。

こんなノン太に友だちはいない。なんとか友だちになれそうな子を探した。こんなとき考えるのは性格が正反対、国がちがう人同士を出会わせることだ。次は家が近いこと。放課後の帰り道、一緒に旅をしてほしいから。帰り道は一緒がいいね。最後の条件は、頼んだら引き受けてくれる人。決めるのは相手なんだよ。これが私のいつものパターン。

それならと、とりあえず私がかかわることにした。ノン太は何が得意なんだろう。走らせても遅い。運動はできない。勉強も苦手。給食はよく食べるが、その食べ方に女子が引いている。今日も思いっきりお代わりして、顔を汚している。

「ふう……食った、食った」

顔を袖で拭きながら、出ているおなかを自分でなでた。

「ノン太、将棋ができる?」

私は声をかけた。

「うん? 将棋……できるよ」

「じゃあ、やろうや」

将棋のコマを並べた。将棋ができるったって相手はノン太。きっとたいしたことはない。私は子どもたちの食べる様子を見ながら、適当にさした。

「あのう、先生……王手ですが……」

「ええーっ……ちょっと、ぼく、ほかの子と話してたんでー。待ってよォ〜」

「まあ、大人はだいたい、いい訳をするなあ」

ヨコから突然、米蔵が現れた。

（はあ……いさぎよさを見せるか）

「わ、わかった。負けました……」

「すげえー」

このときだけノン太は、みんなに認められた。しかし、あとはいつもの通りだった。

♣先生と三人で班をつくろうよ

その日の五時間目、子どもたちから「班を変えたい」という声が上がった。学級会を開くと、好きなもの同士でつくりたいという。

「ひとりぼっちをつくらないでよ」

それだけは言ったが、どうだろう。だけど、けっこうこういうあいまいさって好きなんだ。こういう隙間で思いがけないことが起こる。半分は期待してるんだ。

さて、班替えが始まった。子どもたちはキョロキョロしながら「いっしょになろう」と、去年のクラスメートを中心に動いた。眺めている私の肩を誰かがつつく。

「おれ、誰と一緒になったらいいんか……」

ノン太だ。大きな顔のちっちゃな口をとがらせた。その顔はちょっとかわいい。向こう側にもひとり、働きかけもせずうつぶせている子がいる。

（ああ、この子も友だちがいないんだ……）

米蔵のところへノン太を連れて行って、

「ノン太と先生の三人で班をつくろうよ」

と、声をかけた。米蔵は特別いやな顔はしなかった。

♣肩を組んで帰る二人

放課後、二人を呼んだ。だって、このまま帰すわけにはいかないよね。悲しい思いのまま子どもを帰すと、次の日、どんな連絡帳がやってくるかわかったもんじゃない。せめて、二人の間に何かが生まれたらいい。そんなことを考えていた。そう、お互いの明日のために。

（どうしたら生まれるんだ……）

（いや、とにかく二人がおしゃべりできるように話しかけよう）

（何かないか。……そうや、レストランで働く女の子をソムリエが問いつめるあの場面、あのセリフや）

「あなたは人に裏切られたことがあるんですか……」

米蔵の肩をちょっと気取り気味に軽くたたいた。

「ある。いっぱいある。この間だってオレ、遊ぶ約束してて、そこまで行って待ってたんや。だけど、時間になっても来ない。時間を過ぎても来ない。とうとう、帰るのが遅れて母さんにさんざん叱られた。いいことないわ」

米蔵は、まくしたてた。

するとノン太が、

「オ・レ・も……なんで……」

ゆっくりした口調で話し始めた。

「この間、スーパーの前で待ち合わせたん

よ。でも来んのや。探したらほかの子と遊んでる。ひどいわ」

「そうちゃ……」

米蔵がノン太の方を向いた。するとノン太が、

「おれたち、人を信じられないもの同士、仲良くしようや」

と、腕をたたいた。

「そうやな、一緒に帰ろうか」

米蔵はノン太と肩を組み、帰って行った。いろんな仲良しのパターンがあるもんだ。


♥群れを愛する。群れからはずれる者を愛する。

それが一人ぼっちをつくらないこと。

7 しゃべらないシンデレラ

「鏡よ鏡、世界で一番やさしいのはだあれ？」

♣あなたはシンデレラ

雨って好きですか。今朝は雨だった。激しく降っていたんだよ。でもいつごろからかなあ。好きになったのは。すべてを流してくれる、隠してくれるあの音が好きになったのは。だけど子どもには隠れるところがあるんだろうか。なかったらどうなる？　そうだよね。自分を消そうとするかもしれない。自分の感情をなくし、無表情な仮面をかぶるかな。シンデレラは、裕福な家庭に育った。うちの校区では珍しくその家だけはこんもりとし

シンデレラは
笑わないし
話も
しない
授業中
当てても
答えて
くれない
でも
放課後
四時を
過ぎ
校門を一歩出ると
話し始め
笑った

た林の中にあり、玄関は自動ドア、敷地にはゴルフの練習ネットがあり、隣に住むおばあちゃんがいつも練習している。街の一等地にビルを持ち、地域の名士として代々その地位を守ってきた。

しかし、シンデレラは少しも幸せそうではなかった。二年のときの担任は、

「一度も笑わないの。それどころか、声すら聞いたことがないのよ」

と話した。いわゆる場面かん黙だ。けれど、放課後の四時を過ぎ校門を一歩出ると、シンデレラは話し始め笑った。だから私は、彼女のことをシンデレラと呼んだ。夜中の一二時、それが彼女の場合、四時なんだ。学校は「お城」かもしれない。

始業式のとき、名前を呼んでみた。答えない。授業中、機械的にその列を当てることにして、シンデレラを三番目くらいに当ててみた。やっぱり答えない。反応もない。無表情だった。それでもこのやり方でシンデレラを授業の中で当て、数秒待って、

「次にいっていいかな」

と、尊重する姿勢を見せた。それにしても答えてくれないというのは、けっこうこっちも気をつかう。

♣秋の遠足はどこへ行く

秋が近づいてきた。遠足の季節だ。春には、一年生を歓迎するお迎え遠足。二学期は、バスに乗って学年ごとに行く見学遠足があった。でもどこに行こうか、場所を迷っていた。こんなとき、私はいつも子どもに相談する。

「学級会を開いてくれないかな」

そう言って、第三七回の学級会がスタートした。議題はどこへ行くかだ。すると、

「由布岳《ゆふだけ》に登りたい……」

誰かが言った。

「そりゃあ、登れんやろ。危ないし、疲れるわー」

仁太くんがため息をついた。すると、アイコが、

「途中まででもいいと思う。由布岳のふもとでお弁当を開いて、ご飯を食べる。どうかしら」

ああ……なるほどと、子どもたちは感心した。子どもっていうのは素直なものだ。相手の意見をよく受け入れる。でも仁太は、

「山に登ったら、それだけで一日が終わるやん。それより湯布院《ゆふいん》の民芸村を見て昔の道具にさわって、そして昼からは別府の遊園地へ行って、そこでスケートしようや」

またまた、新たな案が出てきた。まあ、私なら、こんな大胆な案は思いつかない。思いついても常識が邪魔して、口にすることをためらうだろう。

意見はいろいろ出た。こんな話し合いが数日続いた。仁太は、校長室の前にある公衆電話で遊園地へ電話し、スケートの料金を値切っていた。やる気というのはすごいことだ。

♣リヤカーに乗って帰りたい

話し合いは、一週間続いた。

「それじゃ、決め方を確かめるけど、意見が分かれたらどうする？」

「そのときは多数決よ」

アイコが言った。委員長が多数決を取ると、一四対一四だった。

「ええーっ、同じか。うちのクラスは二九人だよ。挙げてない人は……ああ、シンデレラ！　おまえはどっちか？」

委員長が言う。

（まさか、最後の一票がシンデレラになるなんて、なんてドラマ！）

みんなの視線がシンデレラに集まる。そのまま三分が過ぎた。私は、ゆっくりとシンデレラのところへ歩いて行った。

（ここで言うセリフ、なにがいい？）

（うーん、白雪姫はどうや……）

すぐに決まった。

「魔法使いのおばあさんだよ。ヒヒヒ……」

怪しく笑ってパペットを出した。そして、シンデレラのエンピツを取って、

「鏡よ鏡、世界で一番やさしいのはだあれ？」

ノートのはしに書いて、シンデレラの方へ向けた。シンデレラはそれをチラッと見た。

私は自分で書いた問いかけに、

「それは　せ・ん・せ・い」

と、シンデレラの代わりに自分で返事を書いて、また見せた。一人二役で筆談を始めたのだ。すると突然、シンデレラがにらんで、うなった。そして、エンピツを取った。取ると、「せ・ん・せ・い」にバツ印をつけた。

（スゴーイ。反応するんだ……）

なんだかわくわくしてきた。

「鏡よ鏡。あなたはどっちがいいのかな。どちらかにマルをしてごらん。答えたら、望みをひとつかなえてあげるよ」

そんな文を書いて、「由布岳」「スケート」と付け加えた。シンデレラは迷わずマルをつけた。子どもたちは、息を呑んで見つめた。

「うわー……スケートや！」

仁太が叫んだ。

「望みはなあに?」

小さくそう書いた。

「リヤカーに乗って帰りたい」

(なんでそんなことが望みなんだ……)

自転車置き場の横にリヤカーがある。いつもは草集めや石拾いのときに使うリヤカーに、シンデレラは乗りたいらしい。

私は、シンデレラをリヤカーに乗せ、商店街を飛ばした。

「オレも乗りてえー」

数人の子どもたちが周りを走った。豪華な家にリヤカーが着いたとき、

「一度乗ってみたかった……」

彼女は、小さくささやいて飛び降りた。

シンデレラは、このあとどうなったかって？　どうなったと思う？

私が授業中にそばを通ると、足を踏もうとするんだ。じゃれることができるようになったんだねえ。「情けなーい」とか、「バカじゃないの」、そんな悪口をポツリポツリとつぶやきだしたんだよ。

シンデレラの中に住んでいた大人。その大人が、きっとこの言葉を、シンデレラに向けていたんだな。シンデレラ、もう自分を責めるのはやめようね。


♣私たちの仕事は、世界を相手にすることじゃない。

小さな子どもを見つめる仕事です。

8　廊下から授業に参加するガンちゃん

「ここからの眺めはいかがでしょうか？」

♣ガンちゃんは四年の頃から不登校だった

人は誰でも変わりたいと思っていると思う。だって、私はいつもそう思っているから。きのうだって、自分の気持ちを素直に言えなくて、（なんで言えないの……）ちょっと自分が嫌いになった。変わりたい願望、それは誰もが持っているはずだ。

ガンちゃんを見たときも、直感的にそう思った。

ガンちゃんは、四年の春から登校を渋り不登校になった。それでも五年の中頃には、保

ガンちゃんは四年の春から不登校になった
五年の中頃には保健室まで登校するようになり
六年になると廊下に机を置き教室側の窓を開け授業を聞くようになった

健室まで登校するようになった。そして今年は、教室の廊下までやって来る。大きな変化だ。それで今は廊下に机を置き、教室側の窓を開け、そこから授業を聞きながら学習に参加するようになった。

四クラスある六年の教室。その三番目のクラスにガンちゃんはいた。今日も九時前に登校し、音をたてないように廊下の机に荷物を入れた。そして、あくびをしながら座っている。

「これでも良くなっているので、あまり刺激をしないでください」

ガンちゃんの受け持ちの先生は、職員会議で説明した。

♣将棋ブーム

それにしても、なんだか変な気持ちだった。私のクラスではにぎやかに授業を行っている。元気者が多い。少しは静かなクラスにしたい、そう思うのは担任としてあたりまえだと思う。

それで、将棋をはやらせたいと思い、将棋盤を一〇セット購入した。こんなとき、

「子どものためにお金を使うぼくって、えらいなあ……」

自分のことながら感心する。そんなことを口にすると、隣に座っている若い女の先生が、

「先生って、ほんとうに自分のことを愛しているんですね」

と言って、決まって笑う。

とにかく将棋の効果で、毎日休み時間は一大ブームだ。ちょっとの時間を見つけて、男子も女子も対戦相手をさがして歩く。相手が決まると、二人は向かい合い、挑み始める。将棋は人間が相手で、しかもその相手が逃げない。それが人気のひとつらしい。

今日も子どもの要望に負けて、ちょっとだけ早く授業を終わった。私は、相手をさがす子どもたちを見ながら廊下に出た。そこには、窓の隙間から授業をのぞいているガンちゃ

んがいた。

（なにか、話しかけたいな……）

そんな思いがむくむくと湧いてきた。

♣先生、オレとやってみらんか

（どうしよう……話しかけていいかな）

少し迷った。そのとき給食室からプーンとカレーのいい香りがした。

（そうや。あのレストランのオーナーのセリフ、どうだろう）

私は近づいて、少し腰をかがめ丁寧に声をかけた。


「ここからの眺めはいかがでしょうか？」


ガンちゃんは、私の方を向いた。私はもう一度、

「**ここからの眺めはいかがでしょうか**。当店自慢でございます」

笑顔で言った。すると、

「まあまあやな。けっこうな、他のクラスの声がうるさくて聞こえんことが多いんで。

大変なんや」

大変やったら中に入ればいい……そう言い返したかったが、ガマンした。するとガンちゃんが、

「先生、将棋できるんか。おれとやってみらんか」

意外な言葉だった。私はすぐにその誘いに乗った。

昼休みがやってきた。将棋の時間だ。ガンちゃんは、教室の入り口で立ち止まった。なにせ教室には三年近く入っていない。

「早くしようや」

適当に急がせた。彼は一瞬表情を曇らせたが、すぐに入って駒を並べた。

「ああ、ちょっと待って……」

「待ったなしでぇ。もうつみや。まだまだやな、先生。オレ、毎週ＮＨＫの将棋教室を見てるんぞ」

鼻の穴をふくらませた。

次の朝、彼は職員玄関で待っていた。

（どうしてこんなところに。いつもは遅刻してくるくせに……）

私はちょっとむきになった。将棋の効果は大きい。

「今日もやろうや」

生意気なポーズをとった。

昼休み、すぐに二人の対戦は始まった。

「王手‼」

勝ったのは私だ。

「棒銀戦法の守り方はきのう本屋に行って研究したんや。よっしゃ、リベンジ！」

勝ったときは素直に喜んだ方がいい。ところが、ガンちゃんはみるみる顔色が悪くなって早退した。そのしょげた姿を見送っていると、一人の女の子が、

「おとなげないなあ……」

私の方をチラッと見ながらつぶやいた。ちょっと刺さった。

すると、剣道で九州チャンピオンの子が、

「何いいよんのか。勝負の世界はきびしいんぞ」

と言い返した。

（そうそう、そういうセリフもドラマにあった）

しかし、これがガンちゃんの課題だ。人間負けることも知らなきゃ。負けることに慣れ、挫折することを知り、はじめて強くなる。人生は連戦連勝とはいかないんだ。ガンちゃんには、そんなしなやかさがたりない。

♣決勝戦の相手はガンちゃん

ガンちゃんは勝つと次の日もやって来たが、負けると二、三日あいだを置いて将棋をしにやって来た。こんなことを繰り返した。

一学期の終わり、学年将棋大会を企画した。希望者が一週間かけて、将棋トーナメントを闘う。なんと決勝戦は、うちのクラスの子どもとガンちゃんだった。昼休み、子どもたちが見守る。

(さあどうなる……)

息を呑んだ。

「王手!!」

ガンちゃんの声がひびいた。

「ガンちゃんの勝ちや、すげえー!」

隣のクラスの子どもたちが、どっとガンちゃんの周りに集まる。二重三重に輪ができた。

「やったなあ……」

「ガンちゃん、おめでとう」

その渦はガンちゃんを中心に、彼のからだをたたきながら、あれよあれよという間に抱えるように廊下へ出て行った。そのまま、彼らがゾロゾロと後ろのドアから自分たちの教室に入った瞬間、ひときわ大きな歓声が起こった。その日から、廊下の机は消えた。

こんなことってあるもんだな。廊下から眺めている私に、

「ありがとう！」

隣の担任が微笑んだ。

◆働きかけてみる。
……………現実はきっと変化する。

9

静香の嘆き

「人は、悲しみとともに生きるんだよ……」

♣学校から帰りたがらない静香

できの良い子というのは、しばしば孤独な子が多い。

「よくできる子ね」

そう言われるたびに、みんなから離れていく。静香もそんな悩みを持った子だった。肌の色がほんのり桜色でスラリとした静香。目はくるっと大きく、メガネがよく似合った。口数は多くはないが、彼女が何かを言うと、みんなは自分がしていることをやめて見とれてしまう、そんな子だった。

ところが、そんな静香がなかなか学校から帰らない。いえ、帰りたがらない。帰った後も遅くまで友だちの家で過ごしている。それに気づいたのは、六月のことだった。

私は、薬剤師をしているお母さんの働いている薬局を訪ねた。けれども、特別なことは話してもらえなかった。

私は、調べ学習の宿題をときどき出す。子どもたちは最初は戸惑うが、慣れると仲間同士で学習する楽しさがわかり、もっと出してと言う。今日もそんな宿題を出した。けれど、静香はその宿題にどう取り組んでいるのか、気にかかり学校を抜け出した。

お城の跡の堀を過ぎると静香の家だ。薬局はその隣だった。薬の臭いというのは好きになれない。それでもガマンして、脇の自宅のチャイムを押そうとしたら、静香の母さんが白衣を着たまま、ゴミをまとめていた。

「あら、先生……」

静香の母は驚いた。

「いえね、静香さんに助けられていましてね。それを伝えに来たんですよ」

言いたいこととは反対のことを話し始めた。すると、静香の母さんが、

「ウチでは反抗ばっかりするんです。今日だって学校から帰るなり、塾に行くのはイヤだって言って部屋に閉じこもり、壁に向かって物を投げるんです」

私は黙って聞いていた。

「そしたら、友だちが自転車でやって来るの。毎日七、八台は止まっているんですよ。そして、今も図書館へ調べに行くって言って、塾にも行かないで飛び出したんです」

お母さんは、ゴミをひとつ積み上げた。

私は、静香はきっと、一人で勉強することから友だちと共同して学習する世界へと、住むところを変えたいんだな、と思った。しかし、それだけではなかった。

♣お父さんとお母さんが別れるんだって

六時を過ぎようとしていた。私がチャリンコに乗って校門まで来たとき、ブランコが揺れているのに気づいた。ほっそりとした影が立ち上がった。

「あら、先生……」

「あら、先生じゃないよ。だれ？」

「静香です」

私は静香の隣に座り、ブランコをこいだ。何だか疲れがいやされていく気がする。二人の影が体育館の電灯に照らされ、夜の校舎に細くうっすらとうつった。

ちょっとして、

「もう、子どもは帰る時間ですよ」

私はいたずらっぽく言った。そう、言ったつもりだった。ところが静香は、

「どうせ子どもだから。そうやって、大人はいつも私を子ども扱いするの」

と、ブランコを思いっきりこいだ。さびれたブランコの音が誰もいないグラウンドに響いた。

「なにかあったの？」

静香は聞こえない振りをした。私はブラン

コを大きく揺らした。

(なんか、いまドラマっぽくないか……)

自分をドラマの一場面へと誘い込んだ。誘い込むと不思議なもので、ドラマのセリフが浮かんでくる。私は土手で夕日を見ながら、娘にささやく場面を思い出した。


「人は、悲しみとともに生きるんだよ……」


すると、静香はブランコをゆっくり止め、大きな瞳で私を見つめた。

「お父さんとお母さんが別れるんだって。私にどっちについてくるか、決めろって言うの。そんなことできるわけないじゃん」

「…………」

そう言って、立ち上がりブランコをビューンとこいだ。

「……それで、むきになって、調べ学習に取り組んでいたの?」

私もそれにつられて、ブランコを思いっきりこいだ。ギィギィーとブランコのさびた音がした。

「一人でいたくなかったの。沈黙は怖いわ……」

静香は、そっと夜空を見上げた。今夜の月は三日月だ。

「さようなら……」

ブランコを降りると、少女の顔に戻った。

次の日、静香はこんな詩を書いた。

わたしのネコ

わたしのネコは
いつもゴロゴロ
目を覚ますと
ニャーニャーいって
足にくっつく

わたしはエサをあげた
おいしそうにエサを食べる
そして
また寝る

また起きて
エサをほしがる
エサをあげた
繰り返していたら
太った

わたしもひとりぼっち
ネコもひとりぼっち
二人で仲良く
夜を過ごそうね

なにも事情を背負わない子どもなんていない。笑っている子にも悲しみはある。つらさはあるんだ。

♠隠れたドラマを読みひらく。
　真実の味はにがい。

Ⅱ

ハッとさせられた子どもの言葉

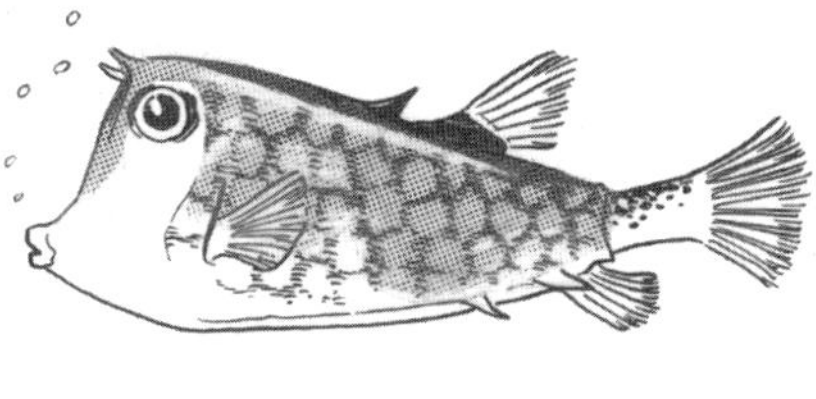

幾度となく子どもに語りかけ、
子どもの言葉にハッとさせられてきた私。
子どもの抱えている現実は重く深い。
子どもの言葉が私を大人として、人間として深めてくれた。
思いもよらない子どもの言葉。
そこには彼らだけが覗いた世界がある。

10

Ⅱ　ハッとさせられた子どもの言葉

やる気がないといわれてきた大吉くん

「ぼくにはふざける自由もないんですか」

♣かわいくてたまらない

家庭訪問のとき、大吉はベランダにいた。お母さんは背のすらっとした方で、さわやかな笑顔で迎えてくれた。市営アパートの一室。茶の間をすぎて四畳半の畳の部屋に通された。小さな仏壇から線香の煙がのぼっている。男の人の写真が立ててある。

「すみません。大吉が変なことばかりしてるでしょう。これまでもふざけて困るって言われました」

「へえ、そうだったんですか、うわー！」

思わず声をあげてしまった。ベランダにいた大吉が水鉄砲で狙ってきたのだ。

「だいじょうぶっちゃ。ガラスがあるんやけん、かからんちゃ」

大吉がガラスに顔をくっつける。

「ほんとうにもう……」

お母さんがぼやいた。でも可愛いくてたまらない、そんなふうに見えた。

♣なんでもできる蘭子

この大吉の隣の席になったのは蘭子だった。彼女はクラス一背が高く、鼻も高い。おじいちゃんもお父さんも学校の先生で、五年の学習はすでに塾で習っていた。蘭子は型にはまらない大吉と肌が合わなかった。

「先生、学校ってところは大吉さんみたいな勝手なことをする子を許すの？」

いつも大人びた言い方をした。その話し方には不思議な魅力があった。しかし、二人がぶつかるのは時間の問題だと思った。そんなとき、大吉が子犬を連れてきた。

「なんで……」

言おうとした私の前を蘭子が横切った。

「あら、ステキ！　これ、雑種ね。ねえねえ先生、飼いたいわ」

「ダメで。ここは学校だからね」

「でも先生、校長先生はいつも生き物を大切にって言ってるわよ。私、校長先生にかけ合ってくる」

「ええ……」

「大丈夫、先生の名前は出さないわ」

「ちょっと、オレも連れてっちょくれ……」

大吉とほかの男子もついて行った。

しばらくして蘭子たちは意気揚々と帰ってきた。

「校長先生が二週間だけ飼っていいって許してくださったの。さすがトップね」

「その間に、もらい手を捜しちょけっち」

大吉が付け加えた。こうやって「ポチを守る会」ができた。

上品な蘭子と下町の大吉。二人はデパートの前に立ち、

「かわいいポチをもらってくれる人はいませんか?」と、呼びかけた。

それから二週間後、ポチは新しい旅に出た。

ポチのお別れ会で、蘭子は琴を弾いた。大吉はその琴に触らせてもらった。最後に蘭子の母がやってきて、ポチを真ん中にして写真を撮った。二人はうまくいくのかもしれない。私の中にそんな気が生まれた。

ところが、もとの生活に戻ると、蘭子の不満ももとに戻った。

「大吉さん、ちゃんとして。ふざけないでもらえないかしら!」

注意は怒鳴り声になり、二人はもめ始めた。

こんなとき、私はけっこう準備する。トラブルが起きる。蘭子は口が立つから、大吉を言い負かすだろう。そんなことはわかっている。でもそれじゃあ、本当のドラマは生まれない。本当のドラマってモノは、見えない部分が見えないと。そう、影とのたたかいだ。

だから、ちょっと前から仲良しの後藤に、

「大吉の家に遊びに行ってね」

と、声をかけた。ねらいは、大吉のかかえる事情を知ることにある。私は家庭訪問で大方察しがついていた。でも教師がそれを言っちゃあつまらない。いい先生だと思われるかもしれないが何も生まれない。だから仕組むんだ。そう演出だよ、これは響きがいい。

♣大吉くん、班から出て行って！

木曜日、蘭子がとうとう言いにやってきた。

「先生、大吉さんにうちの班から出て行ってもらいたいわ」

蘭子のスパッとした言い方は気持ちがいい。

「じゃあ、帰りの会で言ってごらんよ」

そう言いながら、私は大吉と後藤を呼んで「こんな提案がくるぞ」と耳打ちした。

「で、どうする大吉?」

言い返す準備が大吉には必要だ。二人といっしょに考えた。

さて、運命の帰りの会がやってきた。帰りの会は一日のまとめの会。困ったことを出し合うコーナーがある。蘭子はすっと立ち上がり、

「大吉さんのふざけがもう、とってもすごいの。だから班から出て行ってくださらない」

丁寧だが、冷たい。

「な、なんで……」

大吉は、それが精いっぱいだ。

「だから、あなたはまじめにしないでしょ。手を焼いているのよ」

ピシャッと言った。すると、一緒に遊んでいた後藤が、

「少しぐらい、いいんじゃないですか」

と守った。さすが一緒に遊ぶ関係にある。心の中で拍手を送った。

「少しじゃありません。どこが少しって言うのよ、もう！」

蘭子はツーンとした。

「あのう、大吉はひとりっ子なんで。母さんは夜の七時頃しか帰らなくて、それまでひとりで待っちょんので。学校で少しぐらいふざけてもいいじゃないですか」

後藤が自分の見つけたことを話した。ちょっとの間クラスがシーンとした。すると、

「私だってひとりっ子よ。少しぐらいわかるわ。でも、それをガマンするのがフツウじゃないの」

そう言って、蘭子は座った。私は、ここだと思った。

（ここだよ。あのセリフ、大吉！　さっきおまえが言ってたろ。あの言葉をここで蘭子に浴びせろー）

猛烈に勉強する小学生が耐えきれず大人に反乱を起こすドラマのセリフだ。大吉に、

「おまえも何か言えよ」

と、誘いかけた。静かに立って大吉は、

「ぼ、ぼくにはふざける自由もないんですか」

と、蘭子の方を向いて、あのセリフを言った。さあどうなる……私は息を呑んだ。

「ぼくは生まれてから一一年間、ずっと母さんと二人暮しなんで。その母さんが帰って来るまでひとりで過ごしちょんので。せめて学校でふざけてもいいやねえか……」

震える声に沈黙が流れた。見ると、蘭子は机にうつぶせて泣いていた。五分くらいたっただろうか。私は、

「蘭子から何か言うことはないかい」

軽く肩をさわった。

「どうして私は泣いているんだろう。バッカみたい……」

蘭子は鼻をひとつかんだ。

「ごめんなさい。あなたの事情も知らないで」

そう付け加えて、小さく頭を下げた。私はその言葉に驚いた。

それからクラスには、大吉のあの言葉がしばらくはやった。

「オレには宿題を忘れる自由もないのかー」

なんてね。もちろん私は、

「あるわけないじゃん」

と言い切った。


♥トラブルは関わるから起こる。

どっちが悪いかじゃない。なにを学ぶかだ。

11

Ⅱ　ハッとさせられた子どもの言葉

教師の色に化ける十兵衛

「おれはカメレオンや。受け持ちの先生の色にばけるんや」

♣みんなが敵に見えたんや

あるとき二時間目をつぶしてクラスみんなでサッカーやドッジボールをした。みんな楽しそうに過ごしていた。そして、二時間目が終わるチャイムが鳴ったとき、誰かが、

「やっと遊べる……」

と、つぶやいた。

「ええーっ？　いままで遊んだやん……」

私はがっかりした。でもすぐに考え直した。つき合ってくれていたのだ。教師の気持ちを察して。だとしたら、この先生はこんな人だから、こうつき合えばほめられるとか、ほめられないまでも叱られないとか、考える子どもがいたっておかしくない。気をつかう子ども、大人の顔色を読もうとする子ども、そして疲れてパニックを起こす。それが今度の話だ。

始業式から五日目。十兵衛がみんなを追いかけホウキを振り回した。こういうとき、どうしてしたのか問い詰めることはしない。子どもだって、いいか悪いかぐらいわかっているんだ。それよりもこう聞いた方がいい。

「ホウキを振り回さずにはいられない、わけがあったんだろう」

十兵衛は勉強はできた。言葉も豊富だ。でもすぐキレルと、前の担任から聞いていた。今日がその〃キレた記念日〃だ。

「ホウキを振り回さずにはいられなかったわけがあるんだろう」

もう一度聞いた。すると十兵衛は、

「オレが掃除をしているのに、ちゃんとしろってみんなが言うんや」

「そうなんか。してたんやな。みんなが敵に見えたんやなあ」

「そうそう、先生うまいこと言うなあ。敵に見えたんや、きっと」

いつも集団から疎外され、孤立してきたから十兵衛は自分を責めるみんなが敵に見えたんだろう。そして、まわりも十兵衛を問題児だと決めつけてきたに違いない。（そこに教師が一役買っているということにあなたは気づきますか？）

♣人生に満足していますか

今日は春のお迎え遠足だ。私は十兵衛の隣を歩いた。橋を渡ると、向こうの土手に菜の花がたくさん咲いている。その香りが春だ。

「ああ、気持ちいいなあ。人生、楽しいなあ……」

私の言葉に、

「先生は気楽でいいな」

十兵衛のぼやきともつぶやきともいえる声がした。

「ええー。きみは人生に満足してないんですか」

「そりゃまあ、満足といえば満足やなあ」

「なんとも歯切れがよくないですね」

こんな会話ができること自体、十兵衛は珍しい子どもだ。

「そりゃまあ、たしかに今年からテレビが見れるようになった。あのな、高校を受験する姉ちゃんがおったんや。それで合格するまでテレビもゲームも禁止やった。で、この春、合格したんで解禁された」

「解禁ですか」

「お許しが出たわけや」

「時代劇がお好きですか」

「まあ、いちおう」

そう言って頭を振った。

「お父さんとは遊んでいるの?」

私は、聞きたかったことに話を向けた。

「たまーにな。先生は公務員だからカレンダーどおり働いてるんやろ。いいなあ。それに給料もいいらしいし。でも、うちの父さんはフツーの会社のサラリーマンなんや。休みも日曜とは違うんで。そうは遊べん」

横目で十兵衛はこっちを見た。その視線が刺さった。

「帰りもな、早くて九時。遅いとな、一一時過ぎるんで」

隣を歩いていた子が、

「オレとこは単身赴任や。金曜の夜に帰って来て、月曜の朝早く働きに行く」

それを聞いて十兵衛は、

「まあ、帰って来るだけいいってことか」

と言った。そして、

「本当に公務員はいいなあ。五時に帰れるんやろ。そんなわけにはフツーいかんので。知っちょんかえ」

(なに言いよんの。五時に帰れるわけねぇやろ)

言い返したかった。

♣クイズ「十兵衛はなぜキレたのか?」

五月の連休が終わった。出来事を作文に書いているときだった。十兵衛が窓際にある教師の机に「バシーッ」と原稿用紙をたたきつけた。その激しさに、私もギクッとした。

「ボキッ」

エンピツを二つに折り、黒板へ投げつけた。コロコロコロ、折れたエンピツが私の足元へ転がる。次の瞬間、

「ぽーん」

消しゴムを黒板に向かって投げた。その消しゴムがおかしな跳ね返りをして、私の手の中にすっぽり入った。

（もう怒らなきゃ……）

消しゴムを持って近づいた。

「十兵衛！　あんたなあ……」

声を荒げて言おうとした、そのとき、

（ほら、ついに叱られるぞ）

（やっぱあ十兵衛は、問題児やな）

子どもたちの視線を感じた。

（そうや、叱れば叱るほど十兵衛は問題児と思われて、みんなから離れるんや）

一度息を止め、怒るなと言い聞かせた。

「十兵衛は先生の机にバシーッと原稿用紙を置いた。そして、エンピツを黒板へ投げ、

次に消しゴムを投げた。原稿用紙を置いたとき、いったい心の中でなんと叫んでいたんだろう」

そう言って、黒板に吹き出しを書いた。そして、班ごとに話し合ってもらった。

「きっと心の中で、オレもうだめや、これから荒れるから、そう予告しにきたんじゃないかな」

と答える。十兵衛が指で小さくマルをつくる。やっぱり子どもってたいしたもんだ。そこでさらに、

「じゃあ、十兵衛は新学期すぐにホウキを振り回した。今度はエンピツと消しゴムを投げた。そこで問題です」

「なんか、『クラス不思議発見』やな」

「そう、クイズや。①はますます悪くなっている。②はよくなっている。③はあいかわらずだ。さてどれか？」

再び班会議が始まった。

さてどうなったと思う？　班ごとに結果を言わせていると、

「前は人間に向けてしたけど、今度はモノに向けたやろ。それって進歩やないか」

同じような元気者が答えた。

「正解！」

十兵衛が叫んだ。

「そうだよ。人に当たっていたのがモノになった。これからもどんどんモノに当たりよな。モノを壊したってお金が解決するんで。人をケガさせるよりいいんで。ようがまんしたなあ」

こう言って、十兵衛に拍手を送った。

「なんでおれ、ほめられるの？」

十兵衛はへんな顔をした。教師が叱るほど、十兵衛と子どもたちはつながるどころか離れるのだ。本当は子どもと子どもをつなぎたい。だとしたら、私たちは叱るより何を考えさせるのか、そのための言葉を用意した方がいい。

♣あなたって、いったいどんなお方で？

七月のはじめ、いつもより早く台風がやってきた。臨時休業の次の日、十兵衛は沈んでいた。わざと子どもたちに聞こえるように話しかけた。

「なにかありましたか」

こんなときは丁寧語で聞く。

「台風がきて、父さんの実家が壊れたんよ。今は誰も住んでないけどな。でもな、一年に一回だけ泊まっちょったんよ。なつかしいんや。でもそこが壊れて、父さんは修理したいって言うけど、母さんは、もったいないけんやめようって言って、けんかになった。台風が来て、家が壊れて、オレの家族が崩壊した」

十兵衛の言い回しは面白かった。私は、こんな愉快な言い回しができる十兵衛という人間に興味をもった。しかし、彼は話しながら泣きつづけた。それを見ているとよけいに、

（こいつはどんな人間なんやろ）

いつもの好奇心が目を覚ました。

（素直に聞いてみろ、聞いてみろ）

だって、人間泣いているときほど優しくなる。私は十兵衛の前に立った。

（なんて話しかけたら、彼の隠れたドラマが引き出せるのかな）

目を閉じた。

（やっぱりこれや）

彼の好きな時代劇からセリフをとることにした。

「あなたって、いったいどんなお方で？」

キョトンとしている。のぞき込んで、もう一度言った。

「ええ、なんか水戸黄門みたいやな」

突っ伏していた十兵衛が顔を起こした。

「オレも見てるんや……」

十兵衛はそう言いながら、

「おれ？　おれはカメレオンや。受け持ちの先生の色にばけるんや」

耳をぴくっと動かした。

（ええー。そんなこと考えちょったん……）

私は驚きを隠して余裕の笑いを浮かべようとした。そして、

「へえ、今年はいったい何色ですか」

と、ゆっくりと微笑んだ。

「それがわからんのや。無色透明？　おかしい……」

彼は小さく首を振った。

（大人の色をさがさんで、自分の色で生きたらいいよ）

私は、そっとつぶやいた。


♣この子はどんな子どもかな、少し距離を置いて見ていくと、困った子どもが愛らしく見える。半分は人ごとくらいに思えばいいよ。

12 ゴミと暮らす少女

「うちには母さんがおるけど、ほかのうちの母さんとちがう」

♣ゴミのかたづけ隊

幸せってなんだ？　そんなことをよく考える。小さいときは勉強ができて、いい学校へ行き、いい会社に就職すると、安定した生活ができると言われてきた。でも、なんか変だ。のんびりと親子が語らいながら暮らせたら、そんな小さな幸せだっていいじゃないか。

でも、そのあたりまえのような幸せがむずかしい。子どもは親と暮らすのが一番。頭ではわかっている。でもそれは本当か。本当に幸せか、考えてみたい。

カオルは、六年の二学期に転入して来た。転入して来る三日ほど前、

「こんどなあ、〝ゴミ屋敷〟から転入して来る子がおるんや。その子をあんた、受け持ってくれんかな」

教頭先生がそばにやって来た。

「先週なあ、『ゴミと暮らす姉妹』という記事が新聞に出てなあ。それで前の校区にいられんごとなって、引っ越すそうや」

新聞を見せてくれた。内容はこうだ。

一家は、母と姉妹（妹は小二）の三人暮らし。朝の六時から母はホテルで働き、帰って来るのは夜の九時近く。その間、姉妹のご飯はインスタント食品だ。しかもそのゴミを三年間、一度も捨ててないという。それで、同じアパートの人から「悪臭が出る」とクレームが絶えず、いらだった人が新聞に投書した。

さっそくカオルの家へ足を運んだ。子どもたちを連れて一緒に掃除をした。しかし、このまま三回、四回と続けると、子どもたちは疲れて、それが不満になる。私は二回でやめ、教頭先生に、

「子どもたちのちからじゃ無理です」

と説明した。そしたらなんと、職員全員で毎週一回カオルの家を掃除し、ごみを捨てようと誰かが言い出した。驚きだ。もちろんカオルの母に許可はもらったが、許可をくれるというのもおかしな話だ。

こうやって何回か取り組んだところ、職員の動きを知った民生委員さんが、

「先生たちがそこまでするなら、私たちも一緒にします」

と、校区の民生委員さん方を誘い、取り組みといえないような取り組みが始まった。

♣木曜日の勉強会

私はゴミの片付けは大人にまかせるとして、カオルとほかの子どもをどう結びつけるか考

えた。これが本題だ。

　そこで、毎週木曜日に地区の公民館を借りて自由勉強会をスタートさせた。本を読むもよし、宿題するもよし。五時から始めて六時になると会は終わる。少しでもカオルと子どもたちが一緒に過ごす時間をつくりたかった。そのためには学校よりも、もっと自由なところがいい。カオルのためということで、管理職も賛成し、職員も一緒に参加してくれた。

　六時になって子どもたちが帰ると、私はお世話をしてくれるお母さん方に囲まれ、お茶を飲み、夕食のおかずをもらって帰った。いい親がいい教師を育てる。こういう出会いが「保護者と話してみよう、話せばきっと伝わる」、そういう思いを培ってくれた。

　自由勉強会は一二月に入った。カオルのことを考えて始めた会だが、今では毎週三〇人が集まるようになった。もう大人気だ。

「はあーい、それじゃあ今日はちょっと早いけど、みなさんこっちを向いてください」

と、お世話役のお母さんが話し始めた。

「今日は、何の日だか知っていますか」

「何の日や……クリスマスにはまだ早いなあ」

「先生の誕生日でーす。はーい、拍手！」

「ええっ、そうやったなあ。ありがとう」

反対側に座っていた私は、ペコンと頭を下げた。

「それで、ケーキをつくってきました」

「うわっ！……」

ケーキのまわりにみんな寄ってしまった。

食べ終わると、子どもというのはあっさりしたもんだ。一人帰り、二人帰り、大騒ぎした広間は少しずつ静かになった。靴を履いていたカオルがチラッと広間を振り向き、

「誕生日会なんてはじめて……」

そうつぶやいて、布の袋をぶらさげて帰った。

（すごい会だったなあ……）

感動で胸がいっぱいだった。そこへ岡ちゃんのお母さんがやって来た。

「先生、あんなあ、うち、考えちょんことがあるんで。カオルちゃんをなあ、うちがたの晩ご飯に招待したいんや」

「そ、それはうれしいけど、そこまでは……」

「まあまあ、いいちゃ。わかっちょん。先生の気持ちは。まかせちょきよ」

♣カオルを施設に

ところが三学期になって、

「どうかな。カオルと妹を施設へ入れた方がよくないかえ。卒業までにそれを進めた方がいいと思うんや。どうかえ」

校長から持ちかけられた。

「いや、でも今やっと自由勉強会も盛り上がってきたし、お母さん方の夕食会もしてもらっています。施設に入れるなんてかわいそうです……」

心の中では、

（彼女を見捨てることはできない）

強く叫んでいた。

それから一週間後、民生委員さんがやって来た。

「先生、校長先生から聞きましたわ。施設へ入れることを反対してるんでしょ」

上品な言い回しに、私は弱かった。

「施設がどんなところか知っているの？」

「……いいえ……」

「じゃあ、一度見に行きましょう。そうそう市役所の方にも会わせるわ」

次の週、市役所へ行き、そのあと施設を見学した。

「ねえ、施設は子ども二人に一人指導員さんがつくの。カオルさんのうちよりよっぽど安全よ。それにご飯の心配をしなくていいから。カオルさんは、ご飯をどうしているの？」

「インスタントです、きっと。お母さんは作らないので」

「いちどカオルさんに、施設へ入らないか、聞いてくださらない？」

私は、「聞くだけなら」と約束した。

昼休み、カオルを階段のところに呼んで、

「施設へ行く気はありませんか」

と、短く聞いた。カオルを見捨てるようで聞くだけでもつらかった。

「ううん、うち、いやや」

「そうやはなあ。でも、なんで？」

「だって、うちには母さんしかおらん。その母さんと離れたくない」

（やっぱりなあ、なんといっても親がいいよなあ）

私は、このことを校長に報告した。

それから二週間がたった。木曜日の自由勉強会のあと、カオルがやって来た。そばにちょこんと妹も立っている。

「先生、施設のことなんやけど……」

「うん、なあに？」

「うちたち、行ってもいい……」

「ええーっ……どうして？」

「だって、**うちには母さんがおるけど、ほかのうちの母さんとちがう。**ただおるだけの、何もせん母さんや。晩ご飯食べに行ってわかった。施設へ入ってもいい」

（なんでそんな悲しいことを言うの……）

カオルの言葉に、私の目から涙が流れた。

♣中学の卒業式の日

それでも、私の心にはいつも引っかかっていた。カオルを施設へ入れてよかったのか。

今日は中学の卒業式。カオルと別れて三年がたった。お母さんは卒業式に来るのだろうか。誰か祝ってくれるのだろうか。私は休みをとって昼から施設へ行った。

カオルは私を見つけると、真っ白い花を胸につけたまま駆け出し、

「せんせーい!!」

抱きついてきた。あまりの勢いに苦しかった。

「これからどうするの?」

「うちな、料理の専門学校へ行くんや。そしてな、駅の近くにアパート借りて母さんと妹と暮らすんで。うちが料理をつくるけんな。そしたらいいやろ」

カオルの弾む声に、じわじわと涙が浮かんできた。

私の心に刺さっていたものが溶けていくのがわかった。

◆真実はいつも解き明かされるのを待っている。

それにはちょっぴり時間がかかる。

13

Ⅱ　ハッとさせられた子どもの言葉

甘えたいヒカル

「うちだって、早く大人になりたくない。子どもっぽく暮らしたいんや」

♣トラブルより先に動きを

街、デパートの前で待ち合わせ。駆け寄ってはひと言ふた言話し、笑って歩き出す二人。そこにはどんなドラマが待っているのだろうか。二人の姿の向こうに物語が広がる。そして、教室にも子どもたちの小さな物語がひっそりと生まれている。学校にもロマンチックな物語はあるのだ。

ヒカルはお父さんと二人で暮らしている。これまでよくトラブルを起こした。そのたびにお父さんが怒鳴り込んできた。こんな調子だから、まわりから嫌がられ孤立した。その上、かかわってもらうために、「私、いじめられるの……」と、自分で事件を起こそうとした。

けれど、世話のやける子どもはヒカル一人じゃない。このヒカルを一番嫌っていたのがカイ。カイは背が低く、五人兄弟の真ん中だった。勉強はしない。ウソをつく。責めると、ネコのような目でにらみ返してきた。四年のとき、観察池のカメを持って帰ったこともある。

三人目は、前々話でも書いたカメレオンの十兵衛だ。人一倍成績を気にし、テストの点が悪いとパニックを起こす。ホウキを振り回す。五年のときは椅子や机を投げ暴れたらしい。

私はけっこう悩んだ。だって想像してみよう。ヒカルがかまってほしくてトラブルを起こす。お父さんが怒鳴り込んできて、私の気持ちはそっちに取られる。すると、その隙に授業がおもしろくないカイは、これ幸いとふざけ始める。それに乗って他の子どもたちも悪乗りするだろう。すると、十兵衛が「静かにしろー」と言って怒鳴る。ここからはもう言い合いになるだけで、クラスの平和は壊れ、収拾がつかなくなる。こうやってクラスは崩壊する。ありそうな話だ。ポイントはヒカルを落ち着かせること、トラブルより先に動きをつくりたかった。

♣ふたつのクラブ

落ち着かせる最大のコツは、安心感を与えること。どうやって？　友だちだよ。友だちができると安心する。そこで始めた活動はテニスクラブ。放課後、暇な人が集まってテニスをする。カイも十兵衛もスポーツが好きだから、すぐにのってきた。

そのうち、ヒカルも参加するようになった。だって、ヒカルはお父さんが帰るまでは一人なんだ。これまでは自転車で学校の中庭をグルグルと何周もした。まるで、私は一人なんだ……そう叫ぶかのように。そしてもうひとつ、友達に長電話をした。三〇分や四〇分の電話はいつものこと。けれど、長電話は相手の家族に嫌われた。まあ、そんなことだから、とにかく時間はあった。

こうやって一カ月が過ぎた。そんな週の終り、ヒカルのお父さんから苦情の手紙が届いた。そもそもはじまりは、その三日前のヒカルの日記だった。「社会体育の試合で来た、よその学校の子と言い合いになった」と書いてきた。それで、「放課後の部活のトラブルは部活のコーチと解決してよ。先生が出て解決するのはむずかしいなあ」

わたしの返事はこうだった。ところが今日になって、ヒカルの父から、「子どもが困って相談しているのに力になってくれないのか」

苦情の手紙が便箋四枚も届いたのだ。

心の中はいらだった。でも、ここで気を取られすぎたらクラスが荒れるぞ。自分をコントロールした。これが大事だ。そして、すぐにふたつ目の活動を考えた。それが交換日記グループだった。

女子が三人集まった。そのうちに一人二人と増え、一カ月を越えたあたりでは六人になった。

「どうですか。交換日記の調子は?」

放課後、一人遅れて荷物を入れているヒカルに声をかけた。

「ええー。いいよ」

ヒカルはメガネをちょっと上げて答えた。

「今も長電話してるの？」

「ううん。もう卒業した」

「卒業？　日記の友だちが増えたから電話相手も増えたんじゃないの？」

「さあ……」

しかし、次の日、こんな日記を書いてきた。

《わたし、毎日長電話をしてたのね。だってみんなが何をしているか知りたかった。でも、今はもういいの。みんなが何をしているかわかったの。そして、一人じゃない気がしてきたの」

♣ひとり暮らしへのあこがれ

しかし、その日記をこっそり読んでいる少年がいた。

「きみも入りたいんですか」

私はカイの耳元でささやいた。

「いいや……」

彼は声と一緒に首を振りながら、ニヤッと笑った。

「おなかはすいてないですか」

「ええ？　ああ、もう人さまのものには手を出してねえよ」

「腹が減ってガマンできなくなったら先生に電話してな。ああ、もうだめだー！って」

「わかっちょんて。でも、もう大丈夫。ひとりで生きれる」

「ええ、ひとりで？」

「ああ、ひとりになるのが夢なんや。オレな、母さんに叱られる。すると、そっと二階の窓にかけてあるハシゴを伝って外に出る。そして自分を取り戻すんや」

「ひとりは淋しくねえか」

「何いいよんの。そんなんやったらひとり暮らしができきんで、先生」

そうや、私はひとり暮らしの経験がない。

「まあ、どうなん交換日記、やったらどう？　メル友のひとりもいるやろ」

「えへへ、まあな」

カイが声を上げた。そろそろ異性に興味が出てきた頃だ。

「オッケーだよ、カイ。はいりよ」

そこへ部長のガコちゃんがやってきて、ポーンとカイの背中をたたいた。

《はじめまして、ぼくはカイです。ぼくはハンドボールをならってます。このパペットクラブにきょうみがあって入りました。みんな、あまえんぼうですね。MDプレーヤーかってもらうなんて、ぜいたくだよ。妹の世話をしてみろよ。じゃあ、ばいばい。　カイ》

これを読んだヒカルは、

「なにこれ……」

と言いながら、次の日記を書いた。

《妹とか弟とかいないし、そんなこといわれてもわかんないよ。でもぜいたくとか、思わんでよ。うちだって夜ひとりで留守番してるし、たまにご飯だって、ひとりで食べたりするから、大変なときもあるヨ。だけどカイ、ぜいたくと思うよ。だって、弟や妹がいる家って、寂しくないし、ご飯を食べるときとかも大勢で、ガヤガヤしていいと思う。ひとりっ子の気持ち、カイにはわからんやろ。うちの親せきのひとりっ子は、淋しくて泣いていたんだって。その気持ち、カイにはわからんやろ。けっこう一人も大変だよ。　ヒカル》

♣学校の外にドラマが待っている

一学期の終り、テニス大会を計画した。その大会のあと、十兵衛とカイ、それにヒカル

に、

「牧場へ牛を見に行かないか」

こっそりと声をかけた。三人の会話をつくるためには舞台づくりは大事だと思う。お互いの生活を語りあう、話したくなる舞台をつくりたい。そこで、親友がやっている最新設備の牧場へ連れて行くことにした。牧場を一時間ほど見た帰り道、持ってきたジュースを渡した。これで車の中の会話がはずむはずだった。

「どうだった……」

聞いてみる。

「ああ……」

ええーッ！　それで終りか。しばらく沈黙が続いた。そのとき、

「先生、ちょっと止めて！」

カイが突然、言った。するとヒカルが、

「うちも見たい……」

三人は車を降りた。

「いい眺めや。オレ、こういうの好きで……」

木立が途切れ、大きくうねった川が下の方に見える。その川の向こうに家の灯りがともり、遠くには夕日に染まった由布岳が見えた。

「大分って、いいところやな……」

ヒカルがつぶやいた。

（おお、これって、なにかのドラマと同じシチュエーションやないか）

色とりどりに変わる観覧車のイルミネーション。そして子どもたちの住む住宅街の灯り。

舞台はドラマに近づいていた。

（そうや、あのドラマや。空から降るなんとかや。あのセリフ……）

満足そうな子どもたちの顔を見ながら、

「ああいう灯りの中に、あんたたちの家もあるんかな」

私はささやいた。するとそのとき、携帯が鳴った。

♣お互いの生活を語った三人

「えっ、うちや！」

ヒカルがあわてて携帯を取り出した。

「すげー」

カイが驚く。

「はい、わたし。おそくなる？　ご飯三合？　二合やな。何時くらいになるの？　八時過ぎるの。わかった。うん、じゃ……」

携帯をしまったヒカルがカイの方を向いた。そして、

「なにが？」

と言って首をかしげた。

「ヒカルって、大人びちょんな。まあ、連絡用なんやろ」

カイの言葉に十兵衛も、

「そうそう、オレには携帯とかないし。しぐさがなあ、大人ツーか、なんツーか。子どもっぽい方がいいとは言わんけどなあ」

チラッと横目で見て、ひとつ大きなあくびをした。

「うちが携帯持ってるから、大人っぽいって言うんやろ。うちだって好きで大人っぽくなったわけじゃないんで。あんたたち、うちが子どもらしくしていいって言うんやな。そ

れでいいのやったら、うちも自分を出したいわ」

わたしはヒカルの顔を見た。

「自分を出すって?」

十兵衛が聞いた。よかった。私も知りたかった。

「甘えたいんよ。ベタベタしたいんや。**うちだって早く大人になりたくない。子どもっぽく暮らしたいんや。**だけどガマンしてるんで」

ヒカルは真剣な顔で答えた。

「おれは自立してーな。勉強とかにつぶされそうになって、パニックを起こしていたから」

十兵衛はうなずきながら、ふうっとため息をついた。

「うん、知ってるよ。よくキレる人やったなあ。危ないって思ってたもん」

クスッとヒカルは笑った。カイが、

「おれは、背が高くなって、かっこよくなりてえー」

観覧車を見ながら、大きな声で叫んだ。

「かっこよくなってどうするん?」

ヒカルが微笑みかけた。

「やっぱ、ひとり暮らしやな。独立したい」

「そりゃあ、ゼイタクやわあ!」

「ああ、ヒカルはひとりっ子やったな。でもなあ……」

「でもうち、やっぱうらやましいな」

ヒカルが甘えた声を出した。

「オレとこ、ふたりでもすぐに父さんに怒られるしな」

十兵衛が首を小さく振って、葉っぱを山に向かって投げた。

「怒られるどころやないんで。父さんなんかなあ……」

カイは最後までは言わなかった。

「でも、そうやって怒られたっていいやん。うち、父さんしかおらんので」

ヒカルの横顔は、妙に大人びて見えた。

「ええ、父さんしかおらんの？……」

カイはそうつぶやき、川のむこうの灯りを眺めた。そして、もう一度ヒカルの方を見て、

「リ・コ・ン？」

と小さくささやいた。カイのささやきにヒカルは、

「いろいろあるんで……」

やっと聞こえるような声でこたえた。


♠あなたと見た景色は何よりも美しい。大事なことは誰と見るか。

ときには、そんな粋な演出をしてみてはいかが？

14

番長の変身

「オレまで母さんを捨てることはできん。

あれでも、オレにとってはたった一人の親や」

♣悲しい知らせ

教え子の小久保が死んだという連絡を受けたのは、八月のはじめのことだった。

「あっ先生、小久保のこと聞きましたか。小久保が自殺しました……」

「ええっ！」

「あの、葬式はあさっての……」

あとはよく聞こえなかった。聞く気にならなかった。私はお祭りの最中で、どうしても葬儀には参列できなかった。何人もの子どもたちから電話がかかってきた。

祭りが一段落したとき、末広に電話をかけた。

「今からお悔やみに行こうと思うんだけど、一緒に行けるかい」

「あっ先生、いいですよ。おれ、小久保のうちにいるんで」

「ええっ？　今？　でも……」

「いろいろ手伝うことがあるけん、もう一週間か。手伝っちょんので」

「……それで葬式はどうしたんか？」

「おれたちで手分けして、小学校の同窓生や中学の友だちに連絡して、集まってもらいました」

「とにかく、これからそっちへ行くから……」

私は車に乗った。小久保が死んだなんて今でも信じられない。車を運転している自分が、なぜハンドルを握っているのかわからない、揺れていた。それでも少しして、

（オレって、意外と泣かないんだな……）

悲しみを感じていない自分が、妙に不思議に思えた。

住宅街を下り、高崎山の手前に大分の街が見えてきた。ビルとビルの谷間になつかしい小学校がほんの少し見えた。そのとき突然、涙が流れてきた。車を道路の脇に止め、しばらくの間ハンドルにもたれて泣いた。

♣遠足に弁当を持って来ない子

小久保と言えば、遠足にお弁当を持ってこない、作ってもらえない子だった。

小久保は五年の終わりに転入してきた。ケンカが強く、すぐに学年の支配者になり、私に反抗してきた。

（いやなやつだな……）

まだ若かった私は、彼の行動に隠されたメッセージが読めなかった。それでも小久保が遠足にお弁当を持ってきていないことをまわりの子から聞いて、次からは二つ用意するようにした。お弁当屋で買った五百円の弁当。「いらん」と抵抗したわりには、食べるのは早かったな。

中学校では、二年の中頃から番長になり、いつも七、八人連れて歩いていたそうだ。そんな小久保と再会したのは、彼が中学校三年の一〇月だった。校区の商店街を歩いている

と、服が破れ鼻血を流し、ぼさぼさの頭でよろよろと歩いている小久保に出会った。

「小久保か？　小久保やろ。どうしたんか……」

「エヘヘ……儀式や」

「大丈夫か？」

「儀式やっちゃ。もとに戻る儀式なんや。手出ししたらいけんのや。歯向かったら抜けられんから」

その翌年の春、彼は、私を訪ねて学校にやって来た。

「オレ、県立高校へ合格したんや。そこの野球部に入って、オレが甲子園に連れて行くんや。おれたちが歴史を創るんや」

そのために番長グループを抜けたらしい。

そのさわやかな笑顔は今でも覚えている。

それから三年後、小久保は高校を卒業し、末広と一緒に学校へやって来た。私たちはご飯を食べに行った。

「おれな、これから半年間一生懸命働くんや。そして、二百万貯めるんや」

「二百万?」

「そうや。大阪の調理師専門学校へ行くんや」

彼は、昼は建設現場で働き、夜は酒屋の配達をした。

♣どうして、親を恨もうとせんの?

しかし、その年の暮れ、末広と一緒にいる小久保を見かけた。私たちは三人で晩飯を食べることにした。

「大阪から帰って来たんか?」

きっとそうだろうと思った。すると、

「行かんかった」

小久保の顔が沈んだ。

「ええ、行かんかった？　なんで？」

「………」

横から末広が、

「コクちゃん、本当のこと言えよ」

背中をひとつたたいた。

「……母さんがな。ほら、スナックしちょった母さんが病気になってなあ。長いこと働けんかったんや。それで、オレは自分で金貯めて調理師学校に行こうとしたんや。半年で二百万、貯めたんや。でもその金、母さんが借金かえすのに使ってしまった」

「ええっ！……」

しばらくの間、目を閉じた。

「それで、今あんたはどうしてるん」

「働いてるんや。母さんの面倒見てるんや」

「………」

それを聞きながら、どうしても確かめたい衝動にかられた。私は富豪刑事の口調をまねて切り出した。

「あのう、ちょっとよろしいですか」

二人はクスッと笑った。そして、たしかNHKであった少年事件をテーマにしたドラマ。あのセリフを投げかけてみよう、投げかけてみたいと思った。

「そこまでされて、どうして親を捨てようと思わんの？どうして、親を恨もうとせんの？」

彼は、水を一杯飲んでゆっくりとコップを置いた。そして、

「おれも、親を捨てようと思った。母さんを捨てて家を出て行こうと考えた。でも、できんかった。おれたち、父さんに捨てられたんや。なのに——

オレまで母さんを捨てることはできん。あれでも、オレにとってはたった一人の親や」

ドラマと同じセリフが返ってきた。私は驚いた。でも、これは現実の話なんだ、そう思うと衝撃は増した。

♣自分を責める末広

あれから五年、小久保に幸せはあったんだろうか。

「小久保はうつ病やったんで。もう三年になるかなあ。先生と会ったときは調子のいいときで、そうは見えんかったやろ。でもこの半年、閉じこもっていて、やっと少し良くなってきたんや。そのときに……オレがもう少し、気をつけとけば……」

今思えば、小久保がもっと恨みつらみを言うことができれば病気にならなかったかもしれない。末広も自分を責めていた。古い階段を三階まで上ると、突き当りが小久保の部屋だった。

「先生を連れてきました！」

末広はドアを開けた。私は言われるままに部屋に上がり、線香をあげた。すると、お母さんの隣に六〇歳ぐらいの男性がやって来て座った。

「ああ、あの元の主人です。この子が自殺する一週間前にばったり飲み屋で会ったらしく、いろいろ手伝ってもらっています」

母親は遺影を見ながら話した。

私は何だかいろいろなことが言いたくなった。ご愁傷《しゅうしょう》さまとか、ありきたりの言葉ではない、もっと怒りに近いものを覚えた。けれどそのとき、末広が私の手を軽く握った。

小久保、おまえは幸せだったのか。おまえの笑顔は忘れんぞ。


♥人生の半分は、いつもなにかを探している。

それでも探しものをしている自分が好きだ。

Ⅲ

保護者に贈りたい、ちょっぴり刺激的な言葉

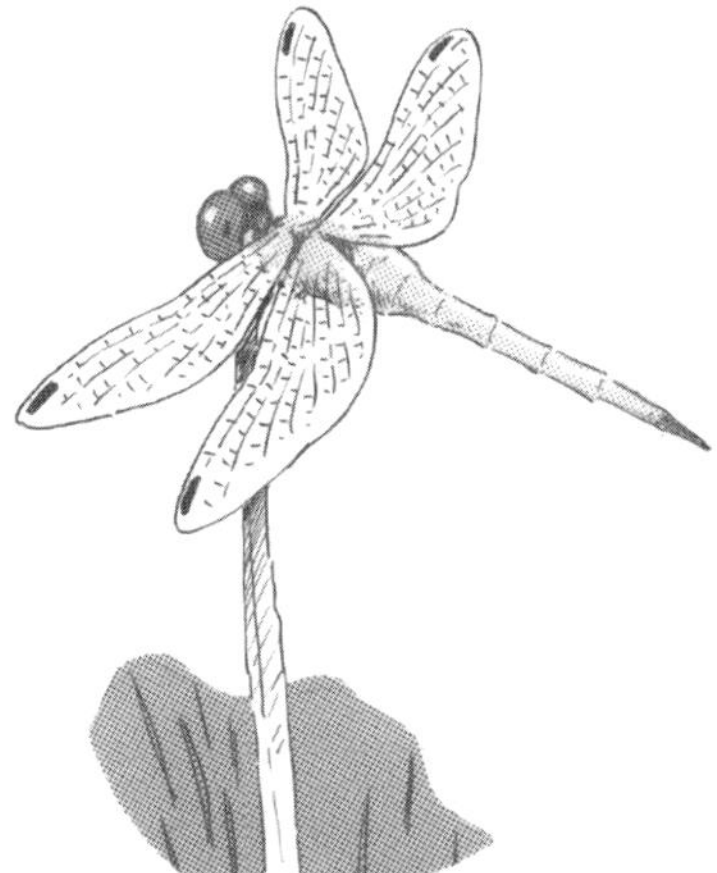

Ⅲ　保護者に贈りたい、ちょっぴり刺激的な言葉

15

クレームの多いお母さん

「ここで、ずうーっと待っていました」

♣いつも、はじまりは苦情

カケルのことで苦情の手紙が届いたのは、新学期が始まってすぐのことだった。帰り道、クラスの女子につばを吐きかけた。その女の子のお母さんから手紙が届いた。もちろん、苦情の手紙だ。

「あんた、つばを吐きかけたって？」

「いや、あいつだって……」

と、言い訳を始めた。十分たっても終わらない。私は聞き疲れて、カケルを叱った。その日の放課後、カケルの母さんが彼を迎えに来ていた。私は挨拶をして、今日の出来事を話した。すると、カケルのお母さんから、

「うちの子はなんと言っているんですか。わけもなくするはずがありません」

と、すごまれた。

（でも、一〇分も聞いたのにラチがあかなかった……）

と、言い返したところで、よりエネルギーを増して反撃を受けそうだった。

「すみません」

しょうがなくあやまった。

「これからは気をつけてください」

（どっちが――……）

心の中で叫んだ。それも悲しかった。

その夜はこのやり取りを振り返った。どうしてあやまることになったのか。どうしてお母さんはいきなりすごんできたのか。それを思い出し、頭の中でシミュレーションした。失敗は二度繰り返さないんだ。

♣三日連続家庭訪問

しかし、相手は強かった。なにかあると苦情の電話。カケルが悪くても簡単には言えない。切り返されるからだ。家庭訪問でも懇談会でもいろいろ言われた。でも、こういう逆境にめげないのも私の特徴。考えてみれば、いい仕事は状況がきびしいときの方が生まれる。甘えが許されない。そんなところへ自分を追い込むことも（いや、追い込まれたわけだが）たまにはいい。

夏休み、私はカケルのうちへ三日連続で子どもたちを連れて訪問した。田んぼの中に背の高い木が三本ある。その横に二階建ての納屋がある。そして、白い壁のどっしりとした家。それが土地持ちのカケルのうちだ。

カケルは私たちを二階建ての納屋へ連れて行き、古い冷蔵庫からアイスクリームを取り出した。

「食べる?」

みんなに配った。最後に、

「先生もいるか」

くやしいが、「うん」と言った。

子どもたちはカケルと遊び、その合間で夏の宿題相談会をした。

こんな形で、お母さんと何気なく会話した。しかし、家に行くのはいいもんだ。これくらいの土地があって、その嫁となれば、跡取りを育てるのが重要な役目だろう。まして同居だ。苦労もあるに違いない。少しずつ相手が見えてきた。

♣久しぶりの苦情

さて二学期になり、一一月も真ん中を過ぎた頃、カケルのお母さんから久しぶりに手紙が届いた。もちろん苦情の手紙だ。

「うちは学校から遠いし、途中から一人で帰るので、遅くならないでほしいと頼んでいます。なのに、きのうは委員会の仕事とかで、五時を過ぎました。いったい、どう考えているのでしょうか」

こんな文だ。私が書くと怒りを抑えて見えるが、もっと激しかったような気がする。

（委員会の先生に直接、手紙を書けばいいのに……）

そう、返事を書きたかった。

「なんかあったんスか」

若い同僚が声をかけてきた。

「ああ、上田さんか。おおあり……」

手紙を見せた。

「こういうときはどうするんですかね。あそこの母ちゃん、怖いスよ」

「だよね……そうや！　あんた、ここの妹を受け持っちょったなあ。四時から時間空けてよ」

彼を連れて、家にあやまりに行くことにした。

♣寒さと怖さに震えよう

「さあ、行こうよ。四時や」

私は上田さんに声をかけた。

「まだ早いんやないスか。たしか、あそこの母ちゃんは農協で五時まで働いてましたよ」

「まあ、とにかく行こうや」

家に着くと、カケルが、

「どうかしたんか」

と、声をかけてきた。

（どうかじゃねえ……あんたがさっさと帰れば来なくていいのに）

私はなにも言わずに首を振った。

「車の中で待ちますか。まだ三〇分はありますよ」

北風がビューと吹いた。上田さんは車へ戻ろうとした。

「やっぱり外で待とうや。寒さと怖さに震えよう」

玄関の前の一番風が当たるところに立った。

そして、三〇分が過ぎた。

ブウーン、キキーッ。ローダウンした黒い軽自動車が入ってきた。

「あれでッセ」

上田さんはポケットから手を出した。

「どうしたの、先生！」

お母さんは窓を開け、声をかけてきた。車はまだエンジンがかかっている。ここだ、ここでサービスしなきゃ。まず私たちは二人そろって近づいていった。そして、

「いえね、あやまりに来たんですよ」

お母さんは何のことか、忘れている。

（多いんだよな、こういう人……）

「きのうカケルを帰すのが遅れたでしょ。すみません」

私たちは、そろって頭を下げた。

「そのために二人で？」

「はい」と言って二人でうなずくと、上田さんが身震いをひとつした。もうすっかり陽は落ちていた。

「ずうーっと待っていたんですか」

お母さんがうれしいことを聞いてくれた。さあ、ここで準備していた言葉だ。

「ここで、ずうーっと待っていました」

い。
「四時過ぎからかなあ……」
上田さんがうまいことつけ加えた。これが言いたくて早く来たんだ。やっぱり二人はい
「そんな前から？　家の中で待っててくれたらいいのに……」
お母さんは車をそのままにして、私たちをリビングへ通してくれた。そして、あたたか
い紅茶を入れてくれた。
苦情はどうなったかって？　もうわかるでしょう。

♣伝えたいのは気持ちです。
そして、気持ちを伝えるために演じるのです。

16 子育ての責任を押し付けられたお母さん

「子どものせいにしたら楽になりますか」

♣自分の子は、自分で守ります

ルリコは二年生だった。二学期の終わりになって、近所の子から帰り道、ランドセルに落書きをされた。公園で遊んでいると、仲間はずれにされた。それを終業式の日、お母さんの手紙で知った。その手紙の結びには、

「心配なので三学期は私がルリコの送り迎えをします」

と、書かれていた。

ルリコは 近所の子から
ランドセルに
落書きされた
公園で
遊んでいると
仲間はずれに
された
それを 私は
お母さんの 手紙で 知った
心配なので
三学期は
私がルリコの
送り迎えを
します
そりゃあ
いろいろ
あるよ
でも
大人になれば
子ども時代の
帰り道
どんな冒険を
したか
もめごとも
そのうち
エピソードに
なるよ
だから
ルリコから
冒険を
うばいたく
ない

でも、まあ冬休みもある。低学年の子どもたちにもケンカをする時間を、と私は内心思っていた。

そして三学期が始まった。

「ああ、もう二時だ。帰らなきゃ……」

ルリコの声に、

「急にどうしたの?」

「お母さんが迎えに来てるの。ほら、体育館を出たところ」

そう言って、小さな指で窓のむこうを指さした。ちっちゃな手だ。私の手の半分もない。それでいて、ぷくっと厚みがあるところがかわいい。ルリコはあわてて走って帰った。

こうやってお母さんの送り迎えは毎日続いた。

一週間たった頃、私はルリコを連れて体育館の裏へ行った。そして、今では平和な日が送れていることを説明し、そろそろお迎えだけでもやめてはどうかと話した。だって、そうだろう。そりゃあ、いろいろあるよ。それが人生じゃないか。大人になれば特に子ども時代の帰り道、どんな冒険をしたか、お酒を飲んだら自慢大会が始まる。もめごともそのうちエピソードになるよ。だからルリコから冒険を奪いたくなかった。

しかしお母さんは、

「自分の子は自分で守ります。それが私の仕事です」

と、短く答えて去って行った。

♣担任としての意地

こうなったらこっちにも意地がある。私はルリコに、

「ちょっと早いけど、帰ろうか」

「ええっ、もう帰るの。まだお母さん来てないよ」

そうなんだ、いつもより一五分も早い。これくらい早ければ、お母さんが来てないだろう。そこがねらいだ。

私がルリコを送って帰り、そこでお母さんに会う。すると、お母さんがきっとお礼を言ってくれるだろう。その勢いで、あることを提案する。こんなイメージだ。なんて私にはイメージする力があるんだろう。自分でもこんなときの「私」には感心する。

予想どおり、体育館の裏にお母さんの姿はない。ルリコを送って歩き始めた。すると、

「わたし、転校するの」

ルリコが言った。

「なんで……」

「だって、うちのアパートのヨコに携帯電話のアンテナが建ったの。電磁波が出るんでしょ。それに目の前にマンションが建って陽が当たらないの。三拍子そろったの」

「三拍子?」

「そう。電磁波が出て、陽が当たらなくて、私がいじめられた。転校の三拍子だってお母さんが言ってたわ」

「転校の三拍子ね」

うまいことを言うなと驚きながら、くやしかった。

お母さんはアパートの階段のところに立っていた。展開は筋書き通りだった。私は提案

を始めた。

「じつは、ルリコさんと友だちの交わりを増やしたい。それで、この隣の公園で遊ぶ会を計画していいですか。ルリコさんちにもお邪魔する子どもが出てくると思うんですが、お願いできますか」

こんな提案だ。はじめは子どもを連れて私が行く。これを繰り返すと、あとはもう子どもの世界。自分たちで遊び始める。たとえお母さんが送り迎えをしても、ルリコはここで遊ぶことができる。公園が冒険の世界なんだ。

♣仮面の奥の声

ところがお母さんは、それには答えなかった。そして、ひと言、

「情けない……」

と、ルリコの背中をたたいた。

「本当にどうしてこの子は！　ちょっとはしっかりできないのかしら」

私の方を少しも見ようとしない。

（ぼくはここにいるんだ。おかあさーん！）

私は叫んでいた。

「あのう、いつまで送り迎えをするつもりですか」

おそるおそる聞いてみた。すると、

「私だって、したくないんです」

と、表情を変えずに言い切った。そして、

「情けなくて！　言わなきゃなにもできない。言ってもしない。放っておくと、フラフラと遊んでいていつまでも帰ってこない。その上、いじめられっぱなしで情けない！」

そうか、お母さんも本当は送り迎えはしたくないと思ってるんだ。それがわかっただけでもうれしかった。しかし、ここは勝負どころだった。私は用意していたコトバを言うことにした。


「そうやって、子どものせいにしたら楽になりますか」

お母さんはちょっと間をあけ、

「この子はこんな子なんです。この子を育てた私のせいです」

そう言って、ひと粒涙を流した。

「お父さんは、なんて言っているんですか」

「会社も大変な時期みたいで、仕事仕事で忙しくて。毎日遅くなって話どころか。それでも相談すると、家のことはおまえにまかせてるじゃないかって、怒鳴られるんです……」

ここにも社会の縮図があった。生きることに懸命な家族。そこでの分担。そして話し合うゆとりのなさから追い詰められた母親。どこも大変だ。よくまあ、人間は生きているもんだと思う。二人が恋に落ちたときはゆとりがあったろうに。そんなことを思っていると、

「転校を考えているんです。この子のために、もっと自然のあるところへ。いい環境で育てたいと思っているんです」

お母さんが話を動かしてきた。

「学校を変わることで、すべてが変わりますか」

私もささやかな抵抗をした。

「私が迎えに行かなくていいところを探しているんです。この子が学校から一人で帰ってきて、『友だちのところに遊びに行って来るけん』と言って出て行く。それが私の夢なんです」

ああ、なんだかやっとお母さんの本当の言葉を聞いた気がした。私は小さく息を吐いて、

「その夢のお手伝いで、私にできることはありませんか」

と、声をかけた。

三学期、公園に冒険の世界は生まれた。しかし、ルリコは春になると転校した。自然のあるところへ。お別れ会でルリコは、

「もっとこの学校にいたい」

と、泣いいた。お母さんの夢とルリコの夢はすれ違った。

でもすれ違ったのは、ルリコが自分を出したからだ。

◆すれ違うことは悲しいことじゃない。
悲しいのは自分を出せないことだ。

17 腕に覚えのあるお父さん

「ちからにモノを言わせたらどうですか」

♣お呼びの電話

一一月も終わろうかというとき、白神さんから電話がかかってきた。いやな予感はズバリ当たった。

「ちょっと来い！」

「今からですか」

「そうじゃ。来いちゅうのがわからんのか！」

怒鳴られ、電話を切られた。

「ハア〜」

ため息をつくと、そばにいた人が、

「楽しいお誘いですか」

と、笑った。しかし、笑いごとではない。マフラーをして、チャリンコに乗った。

「うちの子がいじめられよんのや。どうしてくれるんか」

「ええ、そうですか、そうですか！」

「そうですか、じゃねえ！」

迫力は増すばかり。白神さんはただ怖い人だけじゃない。腕力も度胸も一流だ。

「で、なにがあったんですか」

「話しちゃれ」

ジュンは出来事を話し始めた。

「うちがな、桃ちゃんにな、遊ぼうって言ったんよ。でも遊ばんて」

要するに、もともとの友だちがいた。ところがジュンが風邪を引いて休んでいるうちに、
その子はほかの子どもと仲良くなってしまった。それで学校へやって来たジュンの居場所

がなくなったというのだ。

「誰が悪いんですかねえ……」

「誰がじゃねえやろ。おまえなあ、そいつを連れて来い」

「ええ!……」

「そして、土下座してあやまらせろ!」

「そ、そんな……」

♣みんな逃げ腰

すぐに学校へ帰って相談した。

「そうなんで。毎年あるんや。またその時期がきたかえ。困るなあ……」

みんなはそう言いながら、話はそこから先には進まない。

「校長先生、一緒に……」

言い終わらないうちに、

「わしゃ、去年行って怒鳴られたけんもういい。教頭さん、あんた行きよ」

「私ですか……ちょっと」

みんなの気持ちもわかる。

「じゃあ、もう一回ぼくが行って、だめなときはお願いしますよ」

そう言うと、みんなホッとした表情を浮かべた。

ええ？　とっておきの言葉はあるのかって？　いいや、なかなかそう思いつくもんじゃない。でも、お父さんと話すには、私一人の方がいいかな、そう思った。

♣オレには正義がある

古いマンションの三階がジュンのうちだ。チャイムを押す手が震える。

「おお、来たか。入れ」

「いいか、どこに自分の子どもがいじめられて腹がたたん親がおるか。ジュンをいじめたやつを連れて来い。学校なんかあてにしてねえ。おれが叱っちゃん。オレはな、このあたりじゃあ、一番つえーぞ」

親父さんは腕まくりをした。

「でも……」

「でも、じゃねえやろ。オレがこのまま怒ったらどうする。おれの強さにみんな驚くぞ。あんたが間に入ってちょうどいいんや」

「あのう、こんなときにすみません」

そう言って、息を大きく吸い込んだ。そして、ドキュメンタリーでキャスターが使っていた言葉を思い出した。

「ちからにモノを言わせたらどうですか」

もっとお父さんの考えを知りたかった。

「学校をあてにしないで、自分であやまらせたらいいじゃないですか」

ちょっと刺激が過ぎたかな、反応が気になった。すると、

「いいか、オレがじかに怒ったら、オレの正義が人にわからんやねえか」

「正義ですか?」

「そうや。うちの子はいじめられたんぞ。オレは怒っちょんのぞ。それをあんたがわか

るように説明する。仕事やろ」

「ハア～、でもお父さんの嫌いな学校を頼るんですか……」

「しょうがねえやろ。子どもんためや。おれも人生いろいろあったんや。子どもの頃から親とうまくいかんでなあ。それで荒れたんや。いろんなことをやってみた。そして今や。あんたも人の親やろ」

「まあ……」

「だったらわかるやろ。そりゃあきっと、一方的に相手が悪いことはねえやろ。うちの子も悪いやろ。でもな、親ちゅうもんは、そげえ冷静やねえで。怒ってあたりまえや」

「なるほど。お父さんも揺れてるんですね」

「あたりまえじゃ」

「なんかだんだん、お父さんの気持ちがわかってきました」

「だんだんじゃねえちゃ。オレはこの子のためにちゃんと働くことにしたんや。ここは子どものためにも、世の中のルールを守らな」

「よくそこまで、変われましたね」

「まあな、一人でいろいろ考えたな。悩んだしな」

話はさらに二時間あまり続いた。

二日後、トラブルは解決した。その次の日、

「先生、あの人から電話……」

とうとう「あの人」と呼ばれるようになった。

「来年も、うちの子を受け持ってくれよ！」

「ええーっ！　それは、ぼくが決めることじゃ……」

「ゴチャゴチャ言わんで受け持て！」

電話は切れた。しかし、お父さんの言葉は荒かったが、うれしかった。

♠民主主義は大切な人を守ることから始まる。
お父さん、がんばってください。

18

Ⅲ　保護者に贈りたい、ちょっぴり刺激的な言葉

子育てに疲れたおばあちゃん

「それで気がすむのならどうぞ。私はかまいません」

♣切られた体操服

春、新学期、胸が躍る季節だ。今年はどんな子どもたちに出会うのか、楽しみな時期だ。しかし、それはいとも簡単に崩れた。始業式の前の日、秋子が隣の町から転入してきた。おとなしいふつうの子に見えた。ところが学校が始まって三日目の夜、突然おばあちゃんから電話がかかり、相談があるから私の家へ来ると言う。それをお断りし、私が出向くことにした。

秋子の家は、私の家から自転車で五分。公園を右に曲がると、年数がたっている白い家があった。おばあちゃんは丁寧に迎えてくれた。

すべてに手が届く居間というより、茶の間という感じの部屋に通された。何があったんだろう、待ち構えている私に、

「秋ちゃんは、始業式の前の日にここに引っ越してきたんです。それまで母親と暮らしていてね。その母親というのが、まあ、だらしない人で、秋ちゃんには言えないけど、お金を使いまくって、とうとうサラ金に手を出して、取り立てが毎日のようにやってきてねえ。それでかわいそうだから、うちで引き取ることにしたんです」

そこまで話すと、ようやく冷ましていたお湯で、お茶を入れてくれた。

「父親は大手企業に勤めていて、年中帰りが遅い。しかも転勤があんまり続くもんだから、単身赴任をすることになってね。まあそれは仕方ないけど、母親と秋ちゃんとお姉ちゃんは、こっちに残ったんです。ああ、お姉ちゃんもいた方がいいかな。秋ちゃんには聞かせたくないので二階に上げたのよ。でも……」

そう言いかけたところへ、ちょうどお風呂上りの若い女性がトレーナー姿で入ってきた。髪をタオルで巻いている。その素顔がすがすがしい。

「ちょうどいいわ。秋ちゃんのこと、あなたからも言ってちょうだい。私よりこの子が母親代わりなんです」

唐突な言葉に、姉はいやな顔ひとつせず、きちんと正座をした。私はしばらくの間、見とれた。

話の内容はこうだった。秋子の体操服がハサミで切られていた。そのことを姉には話したが、「誰にも言わないで」と言ったという。けれど、今日は通信にも落書きをされ、学校に行きたくないと言い出した。姉は早口に話した。私は、

「落書きされた通信を見せて」

と言ったが、「プリントは捨てた。先生にも会いたくない」と話しているそうだ。

♣夜の公園

次の夜、さっそく管理職と相談し、実行したことをおばあちゃんに説明しようと、秋子の家を訪れた。私たちの対策におばあちゃんは、

「お世話になります」

と、答えてくれた。そして、湯飲みを取りに席をはずしたその隙に、

「先生、あとで公園にちょっと……」

お姉さんが耳元で、本当に耳元でささやいた。

（ええー、もう夜の九時半だぞ）

ドキドキドキ、とたんに心臓の音がした。

玄関の石段を降り、三〇メートル下ると、そこが公園だった。姉がブランコに座り、私が隣に座った。

（知らない人が見たら、なんて思うだろう……）

（いや、知ってる人が見ても……）

なんだか落ち着かなかった。しかし、姉の話が始まった。

「祖母がいると話しにくいので。祖母は母のことをあまりよく思ってないのです。恥ずかしい話ですが、母は生活するお金も使っちゃって。その上、面と向かって『あなたたちと暮らしたくない』って言ったんです。それで、父のところへ行きたいと言ったら、どうも父には新しい女の人がいるらしくって、祖母のところへ来るか、二人で暮らすか、これが最後の選択だったんです」

私の浮いた気持ちは吹っ飛んだ。

「母にも若い恋人がいます。来ていいと言われても、いまさら父さんとは呼べないし、ここしかなかったんです」

彼女の長い話が途切れたとき、

「これからいいことあるよ」

無責任だけど、ほかに言葉がなかった。姉は、

「高校の先生からもそう言われました。だけど、秋ちゃんのことでこんなことがあると、まだ苦労が足りないのかなって思っちゃって。父の転勤が激しくて、それでずいぶん前から父と母がうまくいかなくなってね。そこへサラ金の取り立てでしょ。ついに別れたの。だから離婚しても、ああそうですかって感じ。でも、秋ちゃんはまだ小学生だから……」

父親は仕事に生きた。母親はストレスのはけ口として高価な買い物に走り、サラ金に手を出し、家庭が崩壊した。それを受け入れられない秋子は、自分でトラブルを起こしたのかもしれない。その可能性はある。

「お姉ちゃんは荒れなかったの？」

「私も荒れました。去年、高校を三カ月休みました。でも、高校でいい先生に出会って助けられました。ところで先生、おいくつですか」

「な、なんで」

こんな若い人に年を聞かれてどうしよう……困った。

「まあ、三〇過ぎたら見かけが大切だから。それにしてもお姉ちゃん、よくまっすぐに育ったね」

「ええ、それはもう母たちに感謝しています」

「感謝？」

「あんな環境でよく曲がらなかったなって、秋ちゃんと話してます」

「でも、いいお母さんではなかったんでしょ？」

「いいえ、とっても私たちをかわいがってくれて、いい母親でした。とっても感謝しています。でも、感謝しているのと同じだけ、憎み怒っています」

「おばあちゃんとはうまくいっているの？」

「うまくいっているっていうか、今までとリズムが全然違うから。それに何でも買ってくれるし、戸惑ってます。このまま飛び込んでいけたらいいんだけど、いままでがそんな暮らしじゃなかったんで、『いいのかな、なんかあるんじゃないかな』って構えちゃって。変ですよね」

「変ですよね」って言われても、

（ぼくはあなたほど苦労をしていません。あなたの方がずっと大人です）

そう心の中で答えた。


♣もし犯人がお孫さんだったら……


しかし、次の日事件が起こった。

「今日は大丈夫ですか」

秋子に声をかけた。すると突然、ポロポロポロポロと涙を流した。

「雑巾とタオルが切られた。このタオル、お母ちゃんが最後に買ってくれたものなの」

さらに彼女は、

「靴箱にあったの。もう帰りたい」

と言って泣きつづけた。でも、その言葉には不審な点があった。

その日の夜、今度は電話もかけずにおばあちゃんとお姉さんがやって来た。そして、

「こう言っちゃあなんですが、然《しか》るべき所に出て、早急に決着をつけてもらいたいと思い、やって来ました」

しかるべきところか……おばあちゃんは脅してきた。

私は少し考えた。そして、言い返す言葉を探した。少し崩れた二人組の弁護士が一見やけっぱちで言う場面。この弁護士がやる気がなさそうに見えて、けっこう人間を見つめている。そのセリフを思い出した。


「それで気がすむのならどうぞ。私はかまいません」


私にしては珍しい言葉だ。ドラマのセリフでもない限り使わないだろう。

「しかし、そうやって犯人を捜して、もし犯人がお宅のお孫さんだったらどうしますか。疑われた方は黙っちゃいませんよ。私は毎朝、秋ちゃんの靴箱と机の中をチェックしてる

んです。いたずらされてないか。靴箱には何もなかった。自分でしたのかもしれませんよ」

この日も私は、朝早く学校へ行って彼女の靴箱を見て、それから机の中を確かめていた。タオルの切れ端はどこにもなかった。新学期が始まって一週間もたたない。秋子がいじめられる理由がない。まだお互い知らない者同士なのだ。考えられることは、秋子が自分でしたことだ。現実が受け入れられなくて、事件を起こせば元に戻れると思ったのかもしれない。

私の強気の言葉に、おばあちゃんは急にうろたえ始めた。

そしてお姉ちゃんのひざをさすり、

「思い当たることがある……」

と言い出した。

「犯人よりも秋子さんの思いを探しましょうよ。おばあちゃんも疲れているんでしょ？」

「私も疲れました。母親の代わりはできません……」

そう言って、袖で涙をぬぐった。するとお姉さんが、

「そういえば秋ちゃんが、『私、お母さんに捨てられたのよね。もう会ってくれないのかな。私はお母さんと暮らしたい』って。そう言いながら、リュックに何かを詰めていたわ」

と言い出した。

次の日、お姉さんが学校へやって来た。そして、秋ちゃんが家を出ようとしていたことを話してくれた。それでお姉さんは秋ちゃんを連れてお母さんに会いに行った。お母さんは、

「あなたを捨てたわけじゃないのよ。今はお母さんも一人になって考える時間がいるの」

そう語ったという。秋ちゃんもお姉さんもはじめてポロポロとお母さんの前で泣いたそうだ。

♥涙は人をやさしくする。
　生まれ変わるために泣いてください。

19

Ⅲ　保護者に贈りたい、ちょっぴり刺激的な言葉

夫よりお店を選んだお母さん

「お母さんも、ひとりで背負ってきたんでしょう」

♣私は店を選んだ

商店街がある校区に勤めていると、いろんな人に出会える。もし、学校の先生じゃなかったら、きっと出会わない人たち。いろいろな人生を歩いてきた人の気持ち。それに気づかずに私の人生も進んでいたと思う。だからうれしい。この仕事は私をいろんな人生と出会わせてくれる。

エリカとそのお母さんもまた、驚きと感動を与えてくれた人だ。エリカは二年生。少し

暗めの言葉の少ない子だった。それが一一月の終わり頃、おとなしい子の靴をどぶに捨てた。この出来事をお母さんに話し、相手方へお詫びの電話を入れてもらおうと思った。ところが、

「私ね、あの子嫌いなのよ。すぐに泣くでしょ。しかも相手の親もうるさいのよ。前の学年のときもトラブルがあったの。だから、関わるなって言ってたのに……」

そう言って、エリカをにらんだ。

（なんてこっちゃ）

私は、そっとため息をついた。

「私はだいたい、忙しいのよ」

「へえ、そうですか」

「私って、中学しか出てないの」

（なにを言うんだろ）

少し興味が湧いてきた。

「それで、夜の仕事を始めたのよね。そしたらおもしろいようにもうかったの」

「うらやましいですね」

「だってそうでしょ。中学しか出てない私に何ができるの。バブルの絶頂期だったのね。それで自分の店が持てたのよ」

「すごいですね」

もう私は、エリカの母の人生に引き込まれていた。

「その頃、主人と出会って結婚したの。すぐにエリカが生まれたわ。でも、お店はおもしろいようにもうかってね。エリカは昼も保育園、夜も八時から保育園に預けたの。夜の託児所って知ってる？　あそこよ。毎晩、夜中の二時過ぎかな、エリカを迎えに行くのは」

「い……いつ、いっしょに過ごすんですか」

「学校からエリカが帰ってきて、お店を開ける七時過ぎまでかな。もうかれこれ七年になるわ。お迎えに行ったときは寝てるしね」

私は、ちょっとよだれをたらし気味にお母さんに抱かれて帰るエリカを想像した。

「忙しかったのよ。生活のためよ。しかたないわ。そのときよ。主人が店を取るかオレを取るか、はっきりしろって言ったの」

「そ、それで……」

「もちろん迷わず、店を取ったわ」

「なるほどね」

私は正直、驚いた。だって、ふつうは家庭を取るやろ……そう思っていた。思っていたというより、そういう公式が算数みたいにあるよ。

♣エリカの家出

結局、エリカの母は相手に謝らなかった。それから二週間が過ぎた木曜日の夜のことだ。時計は九時を過ぎている。

「リーン」

電話が鳴った。

「先生ですか。エリカが帰らないんです」

「ええ、エリカさんが！」

「ハイ、それで警察にもお願いしたので、いちおう先生にもお知らせしようと電話しました」

「い、今から行きましょうか」

「いいえ、警察からの連絡を待ってみます。三〇分くらいして見つからなかったら、また連絡します」

私は服を着替えて連絡を待った。一〇時を過ぎた頃、母親から見つかったという連絡を受けた。

「とにかく今から行きましょう」

私が言うと、

「それが今日、団体のお客様が入っていて忙しいの」

「じゃ、エリカは?」

「夜の保育園です。それじゃ、すみません」

母親はあっさりそう言って電話を切った。でも私は割り切れなかった。

それから再び二週間が過ぎた。出かけていた私の携帯に家からメールが届いた。

〈また、あの子が家に帰らないんだって〉

一〇時を過ぎている。私はエリカの母と連絡を取った。

「警察がいま捜してくれているの。しばらく連絡を待ちますわ」

母親は意外と落ち着いていた。

一一時が近くなった頃、近くの公園でブランコに乗っていたエリカをパトカーが見つけ、連れて来てくれたという。

「今から行きましょうか」

私はそのつもりだった。

「それが……」

母親の声が聞こえたとき、さすがにムッとした。それで、

「今日も団体ですか」

と、さえぎった。

「いいえ、アルバイトの女の子が休んで、店はてんてこ舞いなのー」

「そうですか。それじゃ、今日はうちに泊めましょうか」

私はすぐに迎えに行くことにした。でも、時計は一二時近い。かりにもエリカの家はオンナ二人暮らしだ。噂になっても困る。うちの奥さんに車に乗ってもらい、エリカの家へ

行った。エリカの家は店から程近いネオン街のはずれにあった。薄暗く点滅する街灯の下に二人は立っていた。

（あれ、店は忙しいんじゃないの？　やっぱり親だね）

ちょっとうれしかった。でも、その思いはすぐに消えた。

「さあ、先生のうちへ行こう。温かいスープも用意しているよ」

やさしくのぞきこんだ。なのにエリカは大声で泣きじゃくり、母親にしがみついた。ところが母親は、

「どうするの、先生のうちに行くの。行かないの。先生のうちへ行くか、保育園に行くか、早く決めなさい」

エリカの肩を揺さぶり、くりかえした。

（ぼくのうちも保育園も同じなんだ。エリカがどこかへ行けばいいんだ）

街灯の下で待っていたのは時間がなかったからだ。悲しさとむなしさがこみ上げてきた。

「お母さん、いつもどおり保育園にしましょう。いつもと同じじゃないと、エリカはお母さんと離れてしまうようで怖いんじゃないですか」

そう言って私たちは車に乗って帰った。

♣お母さんの涙

次の日、お母さんが突然、学校へやって来た。子どもを帰して職員室へ戻ってきた私は、校長室で話し合うことにした。

私はドアを開け、ひとり早く椅子に座った。お母さんは、ゆっくりと背の高い年季の入ったドアを閉めた。音がしないようていねいに閉めるその姿に「大人の女だなあ」と感じた。でも、それはかえって私の気持ちをいらだたせた。

私はまっすぐにお母さんを見つめ、話も聞かずに、

「お店を休むことはできませんか」

と、切り出した。

「今、エリカは大切なときです。いたずらも家出も、もっと大事にしてほしいっていう信号です。ここは何カ月かお店を休み、子育てに専念できませんか。お金は民生委員さんにも相談して市から援助してもらえるようです」

私が言うほどにお母さんの目つきは鋭さを増した。そして、とうとう顔を背けた。私は、

（ああ……言葉が届いてないなあ……）

と、あせった。

（どうしたらいいんだ……どうしたら伝わるんだ）

そのとき、ある本を思い出した。子育ての本だ。あの物語の中にあった一節、あの言葉にしよう。ちょっと窓の外を見た。そして深呼吸して、

「お母さんも、ひとりで背負ってきたんでしょう」

そう二度繰り返した。そして、

「お母さんを責めているんじゃないですよ。ぼくも一緒に考えたいんです」

静かに二人は向かい合った。するとお母さんは突然、声を上げて泣き始めた。

「午前中、実家に行ってきました。帰りたいと言ったら七〇歳を越えた父から、家を継いだ兄に聞けと言われました。兄からは、『今ごろ何を言いよんのか。勝手に家を飛び出して、いまさらおまえの戻るところなんかない』、そう言われたんです」

と、泣きじゃくった。

「**お母さんも、ひとりで背負ってきたんですね**」

私は心の中で繰り返した。

エリカたち二人は、しばらくしてネオン街のマンションを引き払い、落ち着いた住宅街にアパートを借りた。店の時間を短くして子育ての余裕をつくると、お母さんは笑って話してくれた。

♣過去の自分と和解して、ほめてください。
自分のことを……。

20

Ⅲ　保護者に贈りたい、ちょっぴり刺激的な言葉

離婚を決心したお母さん

「森の時計はゆっくり時を刻む……」

♣ふぐちゃんへのフォロー

ふぐちゃんは、おなかのプクッと出た子どもだ。いつもボリボリと首筋をかき、ともすると授業中寝てしまう。どうもアレルギーの体質らしい。ひどいときは皮膚から血が出ている。そんなことがあって学習に集中できない。だから勉強は苦手だ。

勉強が苦手になると宿題もしない。きっとわからなくて、する気にならないのだろう。でもしなくていい、とはならない。子どもたちの目はきびしい。こんな子は、まわりの子

どもたちにどう映っているのだろう。だらしないとか、どうしようもないと映っているに違いない。だったら、ふぐちゃんへのフォローはどうする？

私が考えた方法は、夕方電話することだ。夕方という時間は微妙だ。あまり遅いと、おうちの人が気にしてしまう。かといって早いと、まだ遊んでいるかもしれない。そんなわけで六時過ぎを選ぶことにした。

「こんばんは、どうですか。宿題は終わりましたか」

「いや、まだ。これから」

と、ふぐちゃんは答える。

さて、「これから」というのは信じる？

まあ、半分以上の確率でしてこないのがふつう。何がふつうか知っておくと腹は立たないもの。それでも諦めずに電話する。そう、この世界にきみのことを気にかけている人がいるんだよ、そのメッセージを伝えたい。

でも、それだけじゃない。まだあるんだ。彼の家での生活が見えてくる。だってそうだろう。電話する、誰が出るか、まずここがポイント。でまあ、たいがいふぐちゃんが電話に出る。すると聞くだろう。

「お母さんか、お父さんは?」

「おらん……」

「ひとりか?」

「いや、兄ちゃんがおる……」

ああ、そうなんだ！　彼の放課後の世界が見えてくる。

♣忙しいお母さん

しかし、本当にお母さんは忙しそうだ。何度電話しても家にいない。七時、八時と時間をずらしてみたが、やっぱりいるのはお兄ちゃんだけだ。これで家庭の形はあるっていえるのだろうか。まあ、こんな心配は立ち入りすぎだ。思うだけにして口には出さない。でも、ふぐちゃんが宿題をしないことや、アレルギーの体質なのに食生活に気をつかうゆとりがないことは心に留めておく。だって、こんな時間にいないのだから、きっとインスタント食品が多いはずだ。

さて、これからどうする。まあ、スタンダードなところで家庭訪問。たまに宿題してきたらほめに行く。いい俳句をつくったら見せに行く。こんなやり取りで少しずつ近づく。もちろん、家にいる確率は少ない。でも、手紙を添えて置いておくと、返事がくるからまだ救いはある。それにしてもお父さんの影は見えない。

しかし、このふぐちゃんが二学期になって、少し変わってきたんだ。それは役員さんたちと共同で「星を見る会」を計画したときだった。秋の夜空の星を大学の天体クラブの方たちと一緒に見ようという企画だ。

「先生、子どもたちにもかかわらせてもらえませんか」

張り切ったＰＴＡ役員さんの言葉に、子どもの実行委員を募集した。すると、ふぐちゃんが立候補した。おうちの方たちにも協力をお願いすると、ふぐちゃんのお母さんも話し合いに参加してくれた。こうやって、準備は進んだ。

♣燃えるふぐちゃん

さて星を見る会の三日前。午後から準備を始めていた。ふぐちゃんは司会だ。紙で作った蝶ネクタイをつけ、リハーサルをしている。相手のみねちゃんと手品やクイズの準備もした。彼がこんなに頑張るなんて、春のときからは考えられない。

そのふぐちゃんがスタスタスタスタと歩いて行った。そして、

「あんたなあ、星を見る会に何人誘った?」

突然、堂本に話しかけた。堂本くんは驚いた。

「堂ちゃんは勉強できるやろ。剣道だって大分県一位やん。すげーやん。やのに星を見る会にはたいして誘ってねーやん。なんでなん?」

ふぐちゃんは突っ込んでいった。堂ちゃんの顔が一瞬で怒りに変わるのがわかった。

「ほな、言わせてもらうけどなあ。いいか。星を見る会に誘いに行くっていっても、いつ行くか。夕方やろ。家族団らんのときやろ。その時間がいいわなあ。わかっちょんのや。でも夕方ってなあ、オレ、忙しいんや」

「へえ、なんでな」

どうしたんだろう、ふぐちゃんも粘る。

「オレはラクして剣道一位になっちょんのとは違うんぞ。六時から道場へ行って、八時になったら大人といっしょに練習して、そして、一〇時に家に帰るんや。オレのうちには団欒なんてないんや。それからぞ。おまえがせん宿題をするのは」

ふぐちゃんには、これはこたえたようだ。沈黙が続いた。

「もういいんじゃないの。これくらいで」

いい話だったと思う。そして、ふぐちゃんの言いたいこともわかった。堂本が話し合いでは優勢だったが、彼のプライドは十分傷ついたはずだ。お互い、たまには傷つけ合うのもいい。それが同じ世界に生きるってことだ。

♣ふぐちゃんの頑張りのわけ

今日は土曜日、星を見る会の日だ。二時間前にお手伝いできる人は集合した。グラウンドの真ん中に五台の天体望遠鏡が置かれ、そのまわりに椅子が並べられた。ちょっとした台を用意し、司会が目立つような工夫もした。

「ちょっと、休みましょうか」

役員さんの声に、私たちは木陰に座った。

「まあどうぞ……」

お茶が出された。私はそれをもらってベンチへ移った。すると、ふぐちゃんのお母さんが紙コップを片手にやって来た。そして、

「やっと、私も自由になりました」

と、淋しげな笑いを浮かべた。

「ええ……」

なんと答えたらいいのか、話の展開を察するには少し時間がいる。そんな戸惑いも知らずに、ふぐちゃんの母さんは、

「やっと自由になりました。別れました」

と、今度はさばさばした表情で言い切った。

それでか……そうだったのか。ふぐちゃんの頑張りのわけがわかってきた。

「ふぐちゃんは今、お母さんに負けない自分をつくりたいんでしょうね」

「ええっ……」

今度は、お母さんが戸惑った。

「お母さんの決心を感じてたんじゃないですか。そんなお母さんに心配をかけまいと、彼なりに懸命だったんでしょうね。だから、星を見る会に夢中になったんじゃないかなあ」

私は、これまでの彼の様子を話した。そして、ふと森の喫茶店にあった言葉を思い出した。

「森の時計はゆっくり時を刻む……。

ふぐちゃんの時計も大切なことを刻んだんでしょうね」

そうつぶやいて、少しずつ暗くなる空を見上げた。

◆人を頼っていいんだよ。迷惑かけていいんだよ。

いつでも来てください、私のところへ。

せっかく出会った人生だから。

あとがき

ここに掲載した二〇の言葉は、私が長いこと貯めてきた言葉です。言葉を大切にするようになったきっかけ、それは多くの失敗をしてきたからでした。初めて勤めた由布院小学校時代、よく子どもを叱りました。それが情熱だと思っていたのです。でも叱った日の帰り道、

「なんで、あんな言い方しかできんの！　もっとちがう言い方があるやろ」

どれくらい自分を責めたことでしょう。

その頃から私は、どう言葉をかければよかったのか、イメージトレーニングをするようになりました。これが〝言葉の貯金〟の始まりです。しかし、言葉さがしを繰り返していると、本来の自分が、

「そんなに自分を変えられないよ～」

悲鳴をあげました。

今度はどうしたと思いますか。自分を変えることをあきらめました。そして、映画やドラマのセリフをまねるようにしました。自分を変えられなくても言葉なら変えられます。これはヒットしました。

不思議なものですね。言葉だけを真似たつもりなのに、自分の考え方や見方が変わっていったのです。気持ちが楽になりました。すると、これまで見えなかった子どもの背景が見えるようになったのです。

そのとき、わかったんです。これまで子どもを叱っていたのは、ただ感情をぶつけていただけだと。それから、子どもたちが自分の事情を語るような対話を心がけていったのです。子どもが自分の抱えているものを語るようになると、それを受け止める集団にも変化が起こりました。寄り添うとは、話を聞くことから始まります。つながるとは、相手を理解することです。

ここに載せた言葉は、私が子どもの内面へ向けたやさしさいっぱいの言葉です。子どもたちは語ってくれました。彼らが抱えている事情を。そして、そんなとき、私は子どもたちをかわいくてしょうがないと思ったのです。それは、小さいながらも人生に挑み、生きている彼らの姿を発見したからでした。

子どもたちは、いいか悪いかを問われるのではなく、

「私の心の叫びを聞いて！」

と、つぶやいています。寄り添ってくれる大人を求めているのです。子どもが語り始めたとき、実は子ども自身が今まで知らなかった自分と出会い、葛藤が生まれ乗り越えようとするのです。

トラブルは見方を変えると出会いです。ともすると、もめごとに見えるトラブルの謎を解くと、そこにはひとりの人間としてのドラマが隠れていることに気づきます。これをひも解き、子どもと子どもを出会わせていくのです。そういうとき、ひとつのエピソードが生まれます。私はそんなとき、

「ああ、いい仕事をしたな……」

と浸ります。だって私のなりたかった教師は、子どもの人生を一緒に走る教師だったからです。

子どもたちのドラマは必ずしもハッピーエンドにはなりません。それが人生です。でも、この広い世界にたった一人でも、

「あなたのドラマを知ってるよ」

そういう大人が、そういう友だちがいるということは、どんなに励まされることでしょう。

愛するとは参加すること。参加するとは、子どもの心の声を聞くこと。子どもの抱えている現実は想像以上に重く深い。その重みをともに受け止め涙する。そんな大人になりませんか。

最後になりましたが、「言葉の本を書いてみませんか」と声をかけてくださり、子どもたちの織りなす物語を熱心に聞いてくださった高文研の金子さとみさん、私の実践に多くのアドバイスをしてくださった全国生活指導研究協議会の元代表で、國學院大学名誉教授の竹内常一先生、本当にありがとうございました。

二〇〇八年一月

溝部　清彦

溝部 清彦（みぞべ・きよひこ）
溝部は旧姓で今の姓は丹野（たんの）。大学を卒業後、小学校の教師となる。そこで俳優の西田敏行さんの義兄と出会い、学級集団づくりの方法を学ぶ。その後、人生の楽園を夢み北海道暮らしを楽しむ。現在は琉球大学教授。全国生活指導研究協議会研究全国委員。主な著書に、『ドタバタ授業を板書で変える』『子どもと読みたい子どもたちの詩』『少年グッチと花マル先生』（以上、高文研）、共著に『がちゃがちゃクラスをガラーッと変える』（高文研）『班をつくろう』『リーダーを育てよう』『話し合いをしよう』（以上、クリエイツかもがわ）などがある。

子どもをハッとさせる教師の言葉

●二〇〇八年 三 月一〇日——第一刷発行
●二〇一六年 一〇月 一 日——第二刷発行

著　者／溝部 清彦

発行所／株式会社 高文研
東京都千代田区猿楽町二—一—八
三恵ビル（〒一〇一—〇〇六四）
電話03＝3295＝3415
http://www.koubunken.co.jp

組版／株式会社Web D（ウェブ・ディー）

印刷・製本／三省堂印刷株式会社

★万一、乱丁・落丁があったときは、送料当方負担でお取りかえいたします。

ISBN978-4-87498-398-0 C0037